心理療法における葛藤と現代の意識
TATに表れた他者のイメージ

野口寿一

Conflicts in Psychotherapy and Postmodern Consciousness:
The Image of Others in Thematic Apperception Test

Toshikazu NOGUCHI

創元社

刊行によせて

　箱庭療法 (Sandplay Therapy) は、スイスの心理療法家カルフ氏によって創案され、河合隼雄（本学会創設者）により1965年に日本に導入された。その非言語的な性質や適用範囲の広さ、そして日本で古くから親しまれてきた箱庭との親近性などから、心理療法の一技法として、以降広く国内でも発展を遂げてきたことは周知のことであろう。現在でも、心理相談、司法臨床、精神科・小児科等の医療、さらに学校・教育など、さまざまな領域での心理臨床活動において、広く施行されている。

　一般社団法人日本箱庭療法学会は、我が国唯一の箱庭療法学に関する学術団体として1987年7月に設立された。以来、箱庭療法学の基本的課題や原理に関して、面接事例およびその理論的考察などの発表を通して、会員の臨床活動および研究活動の相互発展を支援することを目的に活動を行ってきた。

　そして、本会学会誌『箱庭療法学研究』では、創刊10周年を機に、夢・描画などの、箱庭療法と共通するイメージへの深い関与が認められる研究も取り上げることとなった。今後ますます社会的な要請に応えていかなければならない心理臨床活動において、「イメージ」を根底から見据えていく研究は必須でありまた急務である。こうして本学会は、箱庭療法研究推進の中核的役割を担うとともに、広く心理療法の「イメージ」に関する研究推進を目指し、会員の研究、研修や活動支援を行う学術団体へと発展しつつある。

　このような経緯のなか、このたび、「木村晴子記念基金」から予算を拠出し『箱庭療法学モノグラフ』シリーズを刊行する運びと

なった。本シリーズは、箱庭をはじめとする、心理臨床における「イメージ」に関わる優れた研究を、世に問おうとするものである。

　故・木村晴子氏は、長年にわたり箱庭療法の実践と研究に取り組まれ、本学会においても理事や編集委員として大きな貢献をされてきたが、まことに残念なことながら、本会理事在任中の2010年にご逝去された。その後、箱庭療法を通じた深いご縁により、本学会が氏の特別縁故者として受けた財産分与金によって設立されたのが「木村晴子記念基金」である。

　氏は、生前より若手研究者の研究促進を真に願っておられた。本シリーズの刊行は、そうした氏の生前の願いを受ける形で企画されている。本シリーズが、箱庭療法学ならびに「イメージ」に関わる心理臨床研究の発展に寄与することを願ってやまない。

2014年10月
一般社団法人　日本箱庭療法学会

木村晴子記念基金について

　故・木村晴子氏は、長年にわたり箱庭療法の実践・研究に力を尽くされ、主著『箱庭療法——基礎的研究と実践』(1985, 創元社) をはじめとする多くの業績を通し、箱庭療法の発展に大きな貢献をされました。また、氏は本学会の設立当初より会員 (世話人) として活動され、その後も理事および編集委員として本学会の発展に多大な貢献をされました。2008年には、本学会への貢献、並びに箱庭療法学発展への功績を評され、学会賞を受賞されています。

　木村晴子記念基金は、上記のように箱庭療法に取り組まれ、本学会とも深い縁をもつ氏の特別縁故者として本学会が受けた財産分与金によって、2013年に設立されました。『箱庭療法学モノグラフ』シリーズと題した、博士論文に相当する学術論文の出版助成や、本会学会誌『箱庭療法学研究』に掲載される外国語論文の校閲費等として、箱庭療法学の発展を支援するために使途されています。

　なお、詳細につきましては、本学会ウェブサイト内「木村晴子記念基金」のページ (URL：http://www.sandplay.jp/memorial_fund.html) をご覧ください。

　　　　　　　　　　　　　　　　　　一般社団法人　日本箱庭療法学会

目次

刊行によせて　i
木村晴子記念基金について　iii

はじめに　3

第1章　心理療法における葛藤 ……………………… 7
1. 葛藤とは何か　7
2. 心理療法の対象としての葛藤　9
3. 自己関係としての葛藤　12
4. 葛藤と精神発達　14
5. 近代意識と葛藤　18
6. 現代における心理療法の深まりにくさ　19
7. 解離と発達障害という観点　22
8. 神経症からの偏差として　25
9. 心理療法における「他者」のイメージ　26

第2章　困難の捉え方と他者イメージの推移 ……………………… 30
2000年代における比較
1. 2000年代という時期　30
2. 調査の方法　32
    (1) 調査課題——TATの変法　32
    (2) 図版3BM　34
    (3) 調査の手続き　35
3. 調査データの分析　36
    (1) 分析の観点　36

（2）スコアリングの手続き　37
　　　（3）統計検定の結果　39
　4．考察　40
　　　（1）人間関係の悩み方の違い　40
　　　（2）曖昧な困難イメージ　43
　5．次章に向けて　45

第3章　他者イメージの特徴から見た葛藤の質　47
　1．本章の目的　47
　2．調査の方法　49
　3．結果の分析　49
　　　（1）他者視点物語（第2物語）の分析指標の作成　49
　　　（2）CASの分析　54
　　　（3）DESの分析　56
　　　（4）統計処理　57
　4．結果および考察　58
　5．総合考察　65
　　　（1）他者イメージの「内容」と「視点の位置」　65
　　　（2）表層的な自己関係による葛藤　66

第4章　他者イメージについて語ることが もたらす動きの検討　68
　1．本章の目的　68
　2．調査の方法　70
　　　（1）調査協力者　70
　　　（2）図版の選択　70
　　　（3）事例の選択　72
　3．調査事例A──はっきりと対峙する相手の視点を想像した事例　74
　　　（1）役割と義務をめぐる葛藤　77
　　　（2）他者イメージを深めることによる投影の解消　78

4．調査事例B——潜在的に対立する相手の視点を想像した事例　80
　　（1）　不満と自責をめぐる葛藤　83
　　（2）　他者イメージを深めることによる投影の促進と葛藤の強まり　84
　5．相手視点のイメージに裏打ちされた葛藤　88
　6．調査事例C——外側から関与する傍観者の視点を想像した事例　89
　　（1）　はっきりしたコンテクストのない罪悪感　92
　　（2）　困難イメージを深めることの難しさ　95
　　（3）　生きることのリアリティをめぐる悩み　96
　　（4）　別次元の異質なイメージに触れること　98
　　（5）　表層的な世界から抜け出そうとする動き　99
　7．調査事例D——傍観する視点を想像した事例　101
　　（1）　自己完結的な葛藤および内省　103
　　（2）　外的なステータスによって支えられる「私」　105
　　（3）　こだわりをもたずに流す視点　107
　8．「相手」というコンテクストの喪失　108

第5章　表層的な自己関係への閉じこもり　112
不安の訴えと自己否定を続ける男性との面接

　1．本章の目的　112
　2．事例1の概要　113
　　（1）　自己否定、不運のぼやき、不安の列挙　113
　　（2）　イメージとの接触から生じる動き　115
　　（3）　社会における位置づけを探す　118
　3．考察　120
　　（1）　表層的な自己関係という殻　120
　　（2）　内的な他者との接点がほどけるあり方　122
　　（3）　対象との接触を強いる枠　124
　　（4）　主体として誕生し、社会に定位すること　127
　4．事例1のまとめ　129

第6章　他者イメージをめぐる連想からの検討 132

1. 本章の目的　132
2. 調査の方法　133
3. 調査データの分析　134
   (1) 第2人物に対する連想の分析カテゴリーの作成　134
   (2) DES高低群における差の検討　135
4. 結果および考察　136
   (1) 第2人物をめぐる関連づけのバリエーションの検討　136
   (2) 他者イメージの遊離　148

第7章　散逸する「私」 150
周囲への批判を語り続ける女性との面接

1. 本章の目的　150
2. 事例2の概要　150
   (1) 繰り返される友人批判　151
   (2) TAT図版の上に紡がれる語り　153
   (3) 自分の気持ちに沿い、葛藤を抱える　157
3. 考察　158
   (1) 他者の中に散逸した「私」　158
   (2) 型との関係を生きるあり方　161
   (3) イメージを収斂させる仕掛け　162
   (4) 相手に出会うことと、その否定による主体の生成　165
   (5) 葛藤を抱える主体へ　167
4. 事例2のまとめ　168

第8章　他者の視点を思い描くことの困難さからの検討 171

1. 本章の目的　171
2. 調査データからの検討　172
   (1) 第2人物への同一化の有無の分析　172
   (2) 第2人物の視点から語ることの難しさの検討　175
   (3) 心の理論課題との比較　178

3. 調査事例E──独立した他者の視点を想像できなかった事例　180
    (1) 葛藤のなさ、困難からの逃避　183
    (2) 過剰な自己注目と内面の保持できなさ　184
    (3) 承認・非承認を映す鏡としての他者　186
4. 調査事例F──第1主人公の視点を離れることが難しかった事例　187
    (1) 布石としての障害、道具としての他者　190
    (2) 切り替えのない反復　192
5. 自他未分化な心的世界と葛藤　193
6. 心理療法における外的な他者の役割　195

第9章　現代における心理療法とセラピストの姿勢　200
1. 本研究の射程と限界　200
2. 神経症未満、発達障害未満　201
3. イメージへの接触にコミットすること　205
4. 移ろい、拡散していくイメージに対するセラピストの姿勢　206
5. 心理療法とセラピストの能動性　208

註　211
引用文献　214
索　引　221
初出一覧　225
あとがき　226

心理療法における葛藤と現代の意識
TATに表れた他者のイメージ

はじめに

　人の心は複雑である。強く敬愛している誰かに対して同時に憎く思う気持ちも抱いていたり、強く求めているはずの何かに実際に手が届きそうになると恐ろしく感じたり、考えたくないようなことを考え続けてしまったりと、心の内側は時に矛盾を孕む。この矛盾は、人の心のもつ豊かさや可能性の表れである一方で、様々な悩みを生みだすものでもある。自分の心のはずなのにうまく扱うことができず、まるで幾人もの自分がぶつかり合って対立しているかのようで、どう動いたらいいかわからず、それが葛藤になる。このように複雑な人の心に対して、できるだけその複雑さ、ある意味での豊かさをそのままに尊重しながら扱おうとするのが、心理療法というアプローチであるように思われる。クライエントがまったく相反するような二つの思いを抱えていても、普段のあり方とはまったく別の側面をもっていても、セラピストはそれらをひっくるめて、その人の心の全体を受け取っていこうとする。積極的な指示、助言や環境調整を行うこともあるが、できるだけクライエントの心の内にある複雑な気持ちをよく見つめ、それらを踏まえた上で、困難に対する解決や何らかの納得をクライエントが見いだしていくことを支えることに重点を置いていると言えるだろう。

　ただ、昨今は、心の内に複雑な思いをもち葛藤を抱えているという様子が見えにくいケースの増加が指摘されるようになった。たとえば不登校を例にとると、1982年の小倉清の報告によれば、不登校になる子は「几帳面でいつもきちんとしており、皆から好かれ、どこでも評判のいい子」で「責任感が強」いことが多く(p.28)、表面に現れる問題の裏にある「深い悲しみ・寂

しさ・不安などは相当にせっぱつまったものとみるべき」(p.27)と述べられていた。それに対して2000年代には、不登校に関して学校に来られないことを悩んで葛藤を抱えているように思える事例が減少し、本当に悩んでいないようであったり、スクールカウンセラーのところにやってきても、「困っていることは別にない」と言い、悩みの話が深まることもなく好きなものについての話も広がらなかったり(岩宮, 2009)、「大泣きしたり怒ったりと感情表出は激しいけれど、どんなに話を聞いていっても、葛藤に行き着かない」(岩宮, 2006, p.6)者が増えていると言われる。また、大学で学生相談に携わっている高石(2006)は、十数年の間に学生相談に訪れる者の様相が大きく変化し、感情を実感できない者や、リストカットや大量服薬をしながらもそれらの行動について深刻に悩むこともない者が増えてきていると指摘している。昨今増えているこのようなクライエントの特徴は、「葛藤にならない問題を抱えている」(田熊, 2006, p.60)「内面での葛藤がもてない」(岩宮, 2006, p.189)といった表現で述べられている。このような「葛藤にならない」「葛藤がもてない」クライエントの増加は学生相談や教育領域に限ったことではない。「純粋な神経症的な葛藤が主な問題である神経症者に出会うことが以前より少なくなっている」(田熊, 2006, p.59)とも言われ、同じ「神経症」のように見える者でも葛藤の様相は変わってきているのである。このような近年のクライエント像の変化は、紛れもなく、現代という時代の社会や文化を反映している。そして、このような現代的なクライエントに対して、セラピストが従来のスタンダードな会い方で臨んでも、うまく心理療法が展開しない場合があることも指摘されてきている。今、心理療法は、「葛藤にならない」「葛藤がもてない」とされる現代のクライエントに対してどのように理解し対応するかを問われていると言えるだろう。

　心理療法に携わるようになってわずか10年強の筆者は、1900年代後半に「典型的」とされたクライエントに対する臨床を行ってきたわけではない。それでも、最近、他のセラピストのケースを聴く際に、ふと「こういう人を、最近あまり見なくなったな」と感じることがあった。筆者にとって、そのよ

うな感想を自分が抱いたこと自体が驚きであった。このわずか10年でも、人々のあり方は確かに少しずつ変わってきているのだろう。本書は、人々の意識のあり方が変わりつつある、その流れを、「他者イメージ」というフレームで切り取り、それに形を与えようとする試みである。「現代の意識」という大きく果てのないテーマに対して、一つのフレームを通じて見えてくることは、おそらくわずかで、いくらか偏ったものであるかもしれない。しかし、大きく果てのないものであるからこそ、何らかのフレームで切り取らなければ、その姿を見ることは困難であろう。典型的な心理療法の対象であった心のあり方と、現代の人々の心のあり方の双方を、「他者イメージ」という観点から見据えるところから、現代の心理療法の方向性を探っていくことが本研究の目的である。

　本書は、九つの章から構成されている。研究方法としては、主に大学生を中心とする非臨床群を対象とした調査研究と心理療法の事例研究を合わせて検討を進めていく。

　第1章では、心理療法の場に持ち込まれる葛藤の特徴を踏まえた上で、現代のクライエントの心理療法の深まりにくさを素描し、他者イメージに注目するという本研究の観点を示す。第2章では、他者視点の第2物語課題を加えたTATの変法による調査データを、2000年代前半と後半で比較し、現代を生きる若者のあり方がどのように変化しつつあるのかを検討する。第3章では、第2章で2000年代後半に特徴的に見られた結果を、葛藤という観点から考察すべく、解離体験尺度および不安尺度との関連を数量的に分析する。第2章と第3章では、現代において、困難イメージをめぐって想像される他者イメージの質が変わりつつあることを明らかにするが、それを踏まえて、他者イメージの質の違いによって、他者イメージを深めることがもたらす心の動きがどのように異なってくるのかを検討するのが第4章である。その検討によって、心理療法場面で、他者イメージを語ることが治療的に展開するケースとそうではないケースの違いについて考察したい。続く第5章では、第4章の考察を踏まえ、内省めいた語りを繰り返すが話題が拡散しがち

なクライエントの心理療法事例の検討を行う。

　第6章では調査データに戻る。他者イメージの内容を主に分析した第2章から第4章と異なり、ここでは他者イメージをめぐる連想を分析し、他者イメージとの関係性のもち方と解離傾向との関連を検討する。第7章では、第6章を踏まえて、他者イメージが「私」から遊離していると考えられたクライエントの事例について検討する。

　第8章では、調査事例と心理療法事例から他者視点を想像すること自体が困難な者における心的世界について検討する。

　第9章では、ここまでの検討で明らかになった、葛藤が深まりにくいあり方について総合的に検討し、セラピストの役割と現代における心理療法の可能性について論じる。

第1章
心理療法における葛藤

1. 葛藤とは何か

　「はじめに」で、昨今のクライエントが「葛藤にならない」「葛藤がもてない」という特徴をもっていると述べたが、そもそも、その「葛藤」とはいったいどのようなことを指すのだろうか。平凡社の『心理学事典』によれば葛藤という概念は、「2つ以上の対立する傾向（衝動、要求など）が、ほぼ等しい強さで同時に存在し、行動の決定が困難な状態」と定義されている（水島, 1981）。言い換えれば、「こちらを立てればあちらが立たず」と両立しがたい気持ちに引き裂かれた状態である。それ自体は、ごく日常的でありふれた心の状態であり、「まわりの人と仲良くなりたいけど、何を話したらいかわからないし、話しかけるのも不安で……」「ここしばらく仕事が多くて本当に疲れてしまっているので、休みたいけれど、休むと他の人に迷惑をかけるし……」といった不安や不快を伴うものから、「犬も猫も飼いたいが、どちらにしようか迷う」といったものまで様々である。学業や仕事をめぐる葛藤、家族関係の葛藤、同性関係または異性関係の葛藤、自分自身の感情や衝動をめぐる葛藤など、人のあらゆる営みが葛藤の種となりうる。

　心理学者のレヴィン（1935）は、葛藤としてぶつかっている二つの欲求が、近づきたい（惹かれる）欲求か、遠ざかりたい（避けたい）欲求かというように、

欲求の「方向性」に注目して分類した。一つは、上記の犬と猫の葛藤例のように、自分にとって魅力的な二つの事柄のあいだで気持ちが揺れ動く「接近－接近」型の葛藤である。二つ目は、自分にとって惹かれる事柄と、避けたい事柄とのあいだで気持ちが揺れ動く「接近－回避」型の葛藤で、「まわりの人と仲良くなりたい」が「話しかけるときにどうしたらいいかわからない不安な状態になるのは避けたい」といったものである。三つ目は「回避－回避」型と呼ばれるもので、上記の例で言うと、「これ以上仕事を続けて調子を崩すのは避けたい」けれど「休むと他の人に迷惑をかける」という、避けたい二つの事柄のあいだでの葛藤である。

　精神科医である笠原(1981)は、臨床的な観点から、成熟葛藤、フラストレーション葛藤、両価的葛藤の三つに分けて捉えた。成熟葛藤とは、精神的成熟にともなって自然と起こるもので、親から自立したい気持ちと依存を断ちがたい気持ちの葛藤のように、以前の心理的段階に留まりたい心の動きと、先の状態に進まんとする心の動きとの葛藤である。第2のフラストレーション葛藤は、たとえば仲間に入れて欲しいのに入れてもらえないといったもので、実際の外的世界の出来事と自分自身の心の内の欲求との食い違いから生じるものである。第3の両価的葛藤は、たとえば、信頼と不信、愛と憎しみといったように、同一対象に対してまったく相反する意志、志向、感情を同時に抱くものである。

　レヴィンと笠原の論を並べればわかるように、一口に葛藤といっても、切り口が違えば、異なる姿を見せるものである。では、本書が論じようとしている「葛藤にならない」「葛藤がもてない」という現代人の特徴は、どのような角度から見たところの表現なのか。この点を押さえておかなければ、まるで現代の人々が、悩まずにものごとを決断できるようになったり、フラストレーションを感じないようになったかのように、誤解されかねないであろう。そこで本章では、「葛藤にならない」「葛藤がもてない」という特徴がとりわけ心理療法の領域で指摘されていることを踏まえて、心理療法という営みが相手として想定している「葛藤」とはどういったものなのかを論じてお

きたい。

2. 心理療法の対象としての葛藤

　心理療法の場には、様々な悩み、困難、症状を抱えた人が訪れる。中には、もちろん葛藤そのものを主訴とし来談する者もいるが、誰もが二つの相反する気持ちのあいだで困っているという内容を相談にくるわけではない。急に不安や焦燥感に見舞われた人や、気分が落ち込んで意欲も出ない人、その他、家族や周囲の誰かとの関係で困っている人は、なんとか今の状態が良くなればいいという一心で心理療法を求めるであろう。そのような思いは、葛藤というよりは、とてもシンプルなものである。ただ、主訴として持ち込まれる困り事が、葛藤そのものではなくても、心理療法に続けて通っているうちに、困り事の背後に、複雑な心の動きがあり、葛藤を引き起こしていることが明らかになってくるケースは多い。さらには、その葛藤について話し合っていると、様々な気持ちが沸いてきたり、ふと何かが連想されたり思い出されたりして、表面上は別々であった話のあいだに連関が見えてきて、やがて、より奥にある葛藤の存在が明確になってくることもある。

　具体例を挙げよう。河合隼雄 (1971, 2009) は、対人恐怖症で来談した女子大学生の事例を紹介している。彼女は、人が怖くて、そのため外に出られず学校にも行けないということに困って来談したのであった。セラピストが、悩みの解決法をアドバイスするのでなく、話を聴いていこうとする態度で面接を続けていると、悩みの背景を成していることへと話が及んでいった。彼女は同級生の女性たちが服装について話し合ったり男性のうわさ話をしはじめたときも興味が無く、勉強一筋でやってきて無事に大学に入学したのに、対人恐怖になり、勉強も面白くなくなってきたと話す。面接で話し合いを続けるうちに、彼女は人間全部ではなくて男性が恐ろしいことに気づき、他の男子学生を男性として見ることは、いやらしい感じがすると話し出した。さらに化粧をしている同級生の女子について「化粧が濃いから嫌だ。学問をす

るためでなく、男性を探すために来ているのではないか」と憤慨して語る。そのような話をした後で、ある日には、「先生に申し上げたことは、みんな嘘になってしまった」と、学校に行けるようになったこと、しかも学校で一人の話し相手ができて、その人は男性であることを話した。その学生は症状が消失したということで来談しなくなったが、最後の回には化粧をして来談していたという。

　このクライエントは、大学に入ってから急に人が怖くなってきたという謎の症状に見舞われている。その症状が、彼女にとっての当面の困り事であったが、心理療法を続けて明らかになっていったのは、その症状の背景にある葛藤であった。河合(2009)は「一人の女子学生として異性の問題を拒否して、そういうことを受け入れないでおこうとした人が、それに直面してゆき、自分にもそういう気持ちのあることを認め、男子の友人を得て生きてゆこうとする生き方を見いだしてきた」と考察し、「自分としては男子の学生を異性として意識せず今までのように勉強ばかりしておればよい」が、「自分の心の底には男子学生を異性としてみようとする心の動きのあることを認めることは、一種の恐ろしさを感ぜしめる。これを認めると、次にどうすればよいのか、あるいは、こんなことを認めると自分が軽薄な女性と思われないだろうか、という不安も起こってくる」(p.40)と述べている。つまり、勉学に励む優秀な学生という自己像をもって生きてきた彼女からすると、自分の内に異性への関心があるということは非常に受け入れがたく、かといって心の奥底では動き出した異性への関心を無視しきれないという葛藤をクライエントは抱えていた。彼女の「人(男性)が怖い」という困り事の奥には、そのような葛藤が潜んでいたわけである。

　このように、症状の奥に心理的な葛藤が潜んでいるという事態については、ユングの理論からは次のように説明できる。心の中で相容れない二つの部分が対立しているときに、一方があまりに意識から排除されて無意識になると、心の態度が一面的に偏りすぎたのを補償するような動きが生じてくる。無意識的になった心の一部は、偏った心のバランスを取り戻すために

「間接的な表現手段を探し求め」（Jung, 1935, p.271）、意識のコントロールを超えた思わぬ行動や、神経症症状[*1]を生じさせるという。上記の女性のクライエントの場合は、異性への関心をあまりに強く無視しようとしたがゆえに、葛藤自体が意識されなくなり、代わりに「人（男性）が怖い」という神経症症状が生じていたと考えられる。クライエントが持ち込んできた困り事という「荷物」を下ろし、その紐を解いて中を開いていくと、葛藤の存在が見えてくるという展開は、症状以外の困難を主訴とする場合にも見られるものである。

　そして、困り事の奥に葛藤があるという事態こそが、その困り事が単純に解決できなかったわけでもある。それが本当にシンプルなものである場合には専門家に頼る前に身近な人に相談したり、経験者のアドバイスをもらったり、何かしらのヒントや情報を得たり、あるいは時間の経過によって解決していることがほとんどであろう。身近に嫌な人がいても、「距離をとったらいい」「気にしなければいい」で済むのならば、心理療法の場を訪れる必要はない。上記のクライエントも、「異性に関心をもつのは、おかしなことではないから怖がらなくていい」とまわりを見て思えたり、誰かにそうアドバイスされて済むのならば、神経症症状に苦しむことはなかったであろう。

　井村（1951）は、「日常の些事に関する葛藤は強い不安をおこさない」のに対して、「人格の保全に重要な影響のある葛藤が強い不安をもたらす」（p.51）と述べている。上記のケースでは、困り事の奥にあった葛藤は、本人自身がどのような歴史を生きてきて、これからどのように生きようとしている人なのかという、人格の部分に揺らぎを与えている。勉学に励み大学に入学することが彼女の生における重要な目標であったろうし、それが彼女にとって「望ましい」生き方であったろう。その生き方は、一面的で偏っているのではあるが、それまでそうやって生きてきたのだから、さっと変えることもできない。心理療法の場に持ち込まれる困難の背後にある葛藤は、本人の人格と不可分であるがゆえに、容易に解決しないという特徴をもっていると言えよう。そのため、その解決も、クライエントが自分自身についてより深く広

く理解した上で、心に収まるような仕方を主体的に見いだしていく必要がある。だからこそ、セラピストは、単純な解決法を提示するのではなくて、クライエントの語りに丁寧に耳を傾け、その奥にある複雑で多面的な心の動きを感じ取ろうと努めながら、クライエントが「自分自身の問題に直面してゆく過程を共にしようとする」（河合, 2009, p.22）のである。

3. 自己関係としての葛藤

　前節では、心理療法が対象としている葛藤が、人格と切り離せないという特徴をもっていることについて論じた。この人格との不可分性について、もう少し掘り下げて考えておきたい。

　ある男性は、数人のグループで何かを決めるための話し合いをしているときに、一人が個人的な希望を滔々と語っているのを聞きながら、どこか嫌な感じがしていた。自分の思っていることも言いたい気持ちがむくむくと沸いてくるのだが、一方で、「私が自分の思いを口にすると、相手に嫌な思いをさせるのではないか、自分勝手な主張になるのではないか」と悩んでいた。悩んだ末、少し発言したのだが「それによって、相手が好きに意見を言いにくくなったのではないか。私が、我慢させてしまったのではないか」と罪悪感を抱いた。客観的に見れば、「話し合い」の場なのだから自分の思いを伝えることに葛藤や罪悪感を抱く必要はないし、相手に好き放題に話をさせてやる必要もない。また、その場を誰かが監視していて、批判したり咎めたりしてくるわけでもない。にもかかわらず、そこで葛藤や罪悪感が生じるのは、それらの感情が、その人自身の人格から内発的に生み出されているからである。この男性の例であれば、相手の言うことを否定しない、相手に嫌な思いをさせない、相手の気持ちを尊重しなければならないといった良心や理想が内面に埋め込まれている。それゆえに、相手を否定し自己主張するということが「悪い」と感じられて、そのような「悪」を引き受けがたく感じるがゆえに、葛藤や罪悪感が生じていると捉えることができるだろう。

これは、前述の女子大学生の事例が、異性への関心を、「いやらしい」と見なして受け入れがたかったのと同じ構造の葛藤である。この葛藤においては、二つの自分がぶつかり合っている。その一つは、意識的に「これが私」と思っているところの自分であり、もう一つは意識的には「私」として認めがたい、まるで遠い他者のような「もう一人の自分」である[*2]。同じ構造の葛藤は、他にもたとえば、甘えたい自分とそれを抑え込もうとする自分との葛藤、イライラや不満といった攻撃的な気持ちと、そのような気持ちを抱くことや相手に向けることへの罪悪感からの葛藤、目の前の問題に対して頑張れない自分と、前向きでないことを許すことができない自分との葛藤など様々である。このような葛藤において、何をもって良い／悪い、美しい／醜い、立派／恥ずかしい、優れている／劣っているとするかという線引きをしているのは他ならぬ自分自身である。そして、その線引きによってできた2項の片側を「私」として引き受けようとするとき、線引きのもう一方の側は必然的に、「私」として認めたくない、異物のような自分として遠ざけられていく。ギーゲリッヒ (1999a) は、神経症に関する論考の中で、「私が私である限り、あらゆる状況下で、私とは相容れないものであるゆえに私にとって戦うべきもので避けるべきものが、私の目の前に現れてきて、そこで私は私自身の他者に出会う」 (p.93) と述べている。人格に根ざした葛藤とは、「私」という括りから締め出されようとしている（しかし、一方で常に「私」と背中合わせになっている）「他者としての自分」との自己関係なのである。「私」としての自分と「他者としての自分」との自己関係としての葛藤は、どちらの自分も自らの心が作り出した区分に依っているために、外的な力によっては解消されがたい。それゆえに、人格や内面の変容をねらう心理療法の場で取り扱うことが必要になるのである。

　なお、ここまで何度か「神経症」というタームが登場したが、これまでの議論は病理を抱えた特殊例に限った話ではない。自分が2項に分かれ、自己関係としての葛藤が生じることは、「私」というものをしっかりと定めようとすることに伴う必然である。その「私」の定め方が柔軟性を欠き、自らが

自身の心の動きに背く程度があまりに大きくなった場合に神経症症状が現れうるが、「神経症者とは、精神病を免れた者という意味で、『正常者』のこと」であり、「神経症的な性格を語ることは、結局は、『正常』な性格について、神経症という視点から語ることに他ならない」(鈴木, 1995, p.21) ことを付言しておきたい。

4. 葛藤と精神発達

　前節では、自己関係による神経症的な葛藤が、「私」をしっかりと定めようとすることで締め出される「他者としての自分」をめぐって生じると述べた。そのような葛藤を抱くことは、精神発達が進むのにともなって徐々に可能になっていくものである。

　人は生まれた当初、「私」に対する意識をもたない。その目は、養育者や物体など外の世界に向けられるだけである。自分自身の存在を外から見た像として認識する契機となるのが、生後6か月から18か月頃の鏡像段階 (Lacan, 1949) である。この頃、幼児は鏡に映った像を通じて視覚的に自己像を発見する。その像は、いまだ身体感覚的にばらばらで統一性をもたない赤ん坊にとっては、全身像を先取りするものである。その鏡像を、他者が見ている自己像として受け入れることが、「私」の発見を可能にする素地となる。

　やがて自分自身に意識を向け返らせる、自意識が発達してくると、他者を見るように自らを対象化することができるようになる。この段階では、「心的世界のなかに自分とは区別される他者が構成され」、他者からすると自分の方が他者であるということを把握するようになる (谷村, 1993, p.57)。他者の内面を思い描く能力は、4、5歳頃に洗練され、自分の行動に対し他者が何を考えて、どのような評価をするかということを思い描いて、自らの行動を調整できるようになるとされている (園原, 1980)。他者が自分とは異なる知識や信念に基づいてものごとを判断しているという「心の理論」(Premack & Woodruff, 1978) の獲得も、ちょうどこの頃に始まる。この頃の発達は、超

自我という概念から理解することもできる。S・フロイトは、欲動を司る「エス」と、良心や自己観察や理想を司る「超自我」、その両者のあいだに挟まれ調整を行いながら現実への適応を図る「自我」という三つの部分からなる人格のモデルを打ち出した。これは、「一人の人間のなかにいる相対的に自立的ないく人かの人間たち」（Laplanche & Pontalis, 1967, p.86）がいるように捉えるモデルで、超自我は、心の内の他者の目のようなもので、どのようにあるべきか、どのようにあってはいけないか、どのようにありたいかといった観点から、自我を観察し批判し、社会に適合するよう行動を決めていく指針として機能する。超自我と自我の関係において、良心に反しているという「罪悪感」が生まれたり、理想に沿っていないと「劣等感」が生まれたり、あるいは、超自我と折り合わない事柄は望ましくないこととして心の奥に抑圧されたりする。超自我は、「両親の要求と禁止が内在化されることによって、構成され」（Laplanche & Pontalis, 1967, p.85）、社会や文化といった集団的な価値観や道徳などの影響を受けて発達していく。発達早期の段階では、超自我はいまだ他律的（Freud, 1917）で、叱責や禁止をするかもしれない他者が外的に存在することで働き出す。やがて発達が進むと、心の内側に備わるものとして確立されていくことになる。

　このように、心の中に他者の像を思い描く能力は、児童期から思春期にかけて漸次的に発達していく。その他者の像は、はじめは具体的な単数の他者であるが、やがて、具体的な複数の他者、最終的には共同体や社会における人々の総体へとその形態は変化していく（金川, 2005）。それにともない、他者の視点から見えると想像している像、あるいは、他者のように自分を眺めたときの像としての「私」の像も洗練され、より抽象的に、「私」という存在について考えることができるようになってくる。

　特に自意識の発達がきわまり、大きな質的変換を迎えるのが、10歳の頃である。それによって、これまでの世界観や自己観は一変し、精神的に激動の時期を迎えることになる。この頃に起こる「自我の意識的把握」をビューラー（1967）は自我体験という概念で論じている。自我体験とは、「自分を対

象化し意識しているところの〈私そのもの〉に気づく体験」(高石，2004，p.51)である。つまり、それまでは他者から見られる対象として自分について意識するばかりであったのが、この頃には、思惟している主体としての「私」を意識するようになる。今、このようなことを考え、思っている「私」という存在が自分自身の視界に入ってくる。それまで親や教師の意見に自然と沿ってものごとを考えていたのが、私はこう感じている、私はこう思っている、何が大切かを決めるのは私なのだという感覚が芽生えてくる。世界の見え方が急激に変わり、それまでただ当然のものとしてあった世界は、「自分の目を通して見えている」世界へと変容していく。このようなことに気づく体験は、自分自身の内的な世界に開かれながら新たに世界とつながりなおす契機となるものであって、アイデンティティの確立において重要な意味をもっている。

　一方で、これまで無邪気に生きてきた段階から、「私」を意識するようになるという変化は、非常に強い不安定を生じさせるものでもある。無限の宇宙、永遠の時間の流れの中で、たまたまここに生きている「私」は、他の誰とも交換できない、独自のものとして感じられることもあるが、逆に、ただ生まれ死にゆくという循環の中にあるだけの非常にちっぽけな存在にも思えるかもしれない。また、「私」がこの「私」でしかないという認識は、「私」でなければもっとうまくいくのかもしれない、もっと世界は変わるのかもしれないという自己否定を伴って体験されることもあるだろう。また、何が大切かを決めるのが自分であるという認識が生まれることは、他の人が大切だと思っていることと自分が大切だと思っていることはまったく一致することなどなく、自分が信じていることも、あくまで自分の信念に過ぎない可能性を考えられるようになることでもある。

　自分自身に対する意識が発達すると、「私」と「他者」の差異を踏まえた上で自分自身の振る舞いをコントロールできるようになる。一方で、無邪気に他者との関係に浸ることが難しくなり、他者を気にして気持ちを抑えたり、言い方を考えるなどして、表に出さない自分と表向きの自分という、二つの

自分に引き裂かれていく。また、自分自身の意識にとって「私」として受け入れられる自分と、受け入れられない自分という二つの自分にも引き裂かれ、その両者のあいだに葛藤や劣等感、罪悪感、自己矛盾や自己欺瞞が生じる。

　このような分裂を心の内に抱え、個人として完結した心的世界をもつというのは、なかなかに大変なことである。まったく別の1と1があるのに全体としてイコール1にしないといけないような困難さは、必然的に心の中にいくらかのひずみを生じさせる。特に思春期は身体の変化や性のテーマなど、異物のような見知らぬうごめきが自分の中に生じてくる時期であることもあって、神経症や精神病を含めた病理の好発期となる。

　ある人は、葛藤に引き裂かれつつもそれに耐え、身の回りにある資源を自分の支えとして乗り切ったり、やり過ごしたりできるかもしれない。上記の女子学生のように、わけのわからない心因性の症状に見舞われる人もいる。ユングによれば、神経症症状は、相容れない二つの心のあいだの「精神的葛藤に苦しむ代わりに」(Jung, 1935, p.271) 生じるものである。葛藤はそのままの形で自覚はされなくなるが、それでも自分自身の内で葛藤に収まりをつけるための一つの手段と言えるだろう。人によっては、苦悩や葛藤を心に置いておくのではなく、行為によって発散したり、他者を情緒的に巻き込んで葛藤を誰かとの関係性の中へと流してしまおうとするかもしれない。また、身体症状を呈することで、「心で受け止めきれない困難や、苦しむことが許されないような状況、つまり精神化が不全の事態においてさえも、行動化することで自己の外に困難を放り出すのではなく、自らの身体を犠牲にしてでも、なんとかその問題を抱えようと」(梅村, 2014, p.29) する者もいる。

　自意識が確立し、「私」というものをめぐる葛藤を抱える素地ができるということは、精神発達上の成長ではあるが、それは心の内に裂け目を抱えることであり、それによる不安定を乗り切る方策として様々な症状や行動も生じてくると言えるだろう。

5. 近代意識と葛藤

　「私」をめぐる自己関係的な葛藤を抱えるようになることは、前節で見てきたように個人の精神発達のプロセスと関連が深いが、社会的・歴史的に見れば、近代以前には、成人も含めて誰もがそのような葛藤を抱くことはなかった。ギーゲリッヒ（1999c）によれば、中世の人間は「自然の懐で守られて」（p.152）いて、「真に重要なことはすべていつも決まっていたり、あるいは（神託の場合のように）決まったものとしておとずれてくる。人間にとって問題になるのは、とっくに決まっていることを正しく認識し、理解し、返事するかどうかだけ」であった。「個人からは本質的な決定や最後の責任が取り上げられていた」のであり、言わば、自分自身がどのようにあるかということの責任は個人ではなくて、個人を包んでいる神、自然、共同体の中にあった。それゆえに、このような時代においては、人は「私」をめぐって葛藤を抱くことはなかったのである。

　そして、それらの個人を包んでいるものを否定し、その束縛からの解放を目指すことを通じて、前近代の意識は終焉を迎え、近代意識が成立する。個人が責任を引き受けて自分自身に根づこうとし、「自分を包んでいた神、自然、共同体から自立した人間は、自己反省的な意識を持ち、自分自身のうちの他者に出会うことになっていく」（河合，2011，p.63）。この近代意識の成立によって、人は「私」をめぐる葛藤を抱えるようになった。同時に、個人の内面にある見えない葛藤を基盤とした神経症症状も、そしてその治療としての心理療法も生まれることになる。心理療法における伝統的な技法は、神経症やその背景に想定された葛藤を相手として取り組む中で見いだされ、洗練されてきた。その後、技法を修正しながら守備範囲を広げてきたとはいえ、基本的に近代に生まれた心理療法にとっての対象は、人々が近代に至って抱くようになった「私」をめぐる自己関係的な葛藤であったと言えるだろう。

6. 現代における心理療法の深まりにくさ

　心理療法の場を訪れたクライエントは、必ずしも当初からその人の人格の根本に関わるような葛藤をはっきりと自覚しているわけではない。困り事について話し合うのを続けていくうちに、その困り事の背後にある葛藤が明らかになってきたり、その葛藤やその周辺の事柄について話し合っていると、いつしか根本的な葛藤へと話が及んでいくといったように心理療法が展開していくことは多いように思われる。前述の女子大学生の事例において、人が怖いという話が、男性への恐怖の話になり、男性を異性として見ることへの抵抗の話になり、表面的にはまったく別の話であるような「化粧の濃い同級生」の話が、一つの筋でつながるようにして、異性への関心をめぐる葛藤が浮かび上がってきたように、である。ユングは、葛藤があらゆる部分においてはっきりと意識化されているなら神経症症状は生じず、自らの本性の別の側面やその問題の切迫性を理解しえないときだけ、神経症は起こると述べている (Jung, 1917)。ギーゲリッヒ (1981) が心理療法の目的について「心理療法においては、いかにして苦しめられている状況から脱するかが問題なのではなく、逆にいかにして本来的に、真に、困難な状況へ入っていくかが課題なのである」(p.32) と述べているように、神経症に限らず多くの悩みにおいて、問題をしっかりと見据えつつ、深いところにある心の動きをも拾いながら悩むことができるようになることは、それ自体が治療的な展開を生むと考えられる。したがって、困り事の内に葛藤があることがわかってきたり、それまでクライエントに意識されていなかった事柄がつながってきたり、小さな葛藤からより深い大きな葛藤に目が向けられたりすることは、「心理療法が展開している」「深まっている」と捉えられるプロセスの一つと言えるだろう。セラピストは、表面上は別々の話の奥にあるつながりに目をこらし、一面的に見える語りの奥に複雑な気持ちがある可能性を思い、いまだ微かな心の動きに注意を払いながら耳を傾けることで、クライエントの葛藤が深まって心理療法が治療的に展開していくことを支えるのである。

このようなプロセスが起こりづらいように思えるのが、昨今の「葛藤にならない」「葛藤がもてない」と言われるクライエントである。岩宮（2009）によれば、一般的には思春期では、葛藤の処理の仕方が未熟であるためにトラブルになることがあるが、その後で自己嫌悪や罪悪感に苦しんだりすることも多い。はじめは、内面に踏み込ませないようにする防衛として、カウンセリングをすすめられても拒否したり、表層的な言葉を語ったりしていた子も、安心するにつれ、そこから一歩踏み込んだ話に入っていったり、「実は」と打ち明け話のように自分の悩みや困り事を話し出すということが以前は多かった。それに対して、近年の子は、葛藤に苦しみ、悩みがあるがゆえに相談を希望するわけでもなく、「拒否的ではないのに自分から話すことはなく」「防衛するためにあえて表層的な言葉でごまかしているという印象はまったくない」といった様子で、カウンセリングの定石的なアプローチが通用しないという。

　同様のケースが、成人でも増えてきているように思われる。筆者が受けもった30代後半の男性は、医療機関で神経症として診断されており、うつ状態を改善したいという主訴で心理療法を受けることになった。最初、彼は自分の気分の落ち込みや無気力について話し出したが、自分の語りの枝葉の部分から連想したことを話しているようで、話題はどんどん移り変わっていった。筆者はそれらの話に意味のある連関を見いだすこともできず、本人すら「すみません、何の話をしてましたっけ」と話の筋を見失いやすいようであった。いろいろと質問を重ねていくと、2年前から、休職して親戚の家業の手伝いをしているが、その家業の手伝いに行く気がせずに休むことがあることが話された。2年前の時期については、「ショックなことがあったので、それが（やる気が出なくなった）原因かも」と知人の死について話すのだが、それを話す様子は、2年前の自分の状況を考えて「時期的に重なるから」と他人事のように客観的に推論しているような印象であった。今、知人の死をめぐって動き出している感情に向き合おうとして来談したのだなと感じさせるような、語りの重みとも言うべき何かがそこには伴っていなかった。その

話を終えた後、クライエントは、さぁ次は何を話したらいいんだろう、といった様子であり、筆者が〈今、一番困っていることは?〉と尋ねると、さらっと「今、部屋の片づけができてなくて」と部屋の状態について話し出した。今までの話とのつながりのなさに内心驚きながら、筆者が〈カウンセリングで考えていきたいことは? それですか? 知人のことは?〉と尋ねると、彼は「知人のことは、だいたい整理がついた気がするので。でも、そう思っているだけで、まだ残っているのかもしれませんけど」と述べて、部屋の話を始めた。それはそれで確かに困り事であったのだろうが、その話はどこまでも「部屋が散らかっている」話であって、知人の死など、他の話題と心理的な意味でつながっていそうな感じがまったくないのであった。

このように、人格が揺さぶられるような深い葛藤どころか、困り事の奥に小さな葛藤も見えてこず、ともすれば困っているのかどうかもはっきり読み取りづらいケースでは、セラピストは何をとっかかりとして話をすればいいのかもわからず、セッションが継続しても治療的に展開しているのかどうかもよくわからないような感覚に陥ることも多い。

心理療法が展開しにくい事態については、これまでも様々に論じられてきたことではある。その一つの観点は「抵抗」である。メニンガー(1959)は、「どの患者も、一面で"よくなろう"とする協力意欲と熱心さをもつにもかかわらず、一面では"防衛的"」(p.130) で、「"よくなりたい"願い」をもつ一方で「自分の生活上の適応(ことに、精神内界の適応intrapsychic adjustment)」の変化を防衛しようとする(p.129)のであり、「患者は病気でいることをも望んでいる」面がある(p.134)ことを指摘している。つまり、「抵抗」とは、今までの自分のあり方を手放すことへの不安や恐怖、クライエント自ら心理療法の展開を妨げるという現象であり、それは、思ったことや事実を隠したり、忘却したり、遅刻やキャンセル、通うのをやめるなどの反応として現れることがある。

また、葛藤に向き合うことによる心の負担に耐える力の弱さが想定されることもある。苦悩や葛藤を心に置いて、それについて考えることに耐えられない人格障害水準の者は、自傷、反社会的な行動、快感への耽溺といった行

動、行為によって発散し、葛藤を心から排出してしまおうとする。また、「かのような人格 (as if personality)」（Deutsch, 1965）と言われるような表面的な順応を示し、セラピストの前でも期待通りのクライエントを演じ、内的な脆弱性が顕わにならないように努める者もいる。

　葛藤を見つめていくプロセスの起こりにくさの背景に、内面を言語化する能力の弱さが想定される場合もある。シフネオス（1973）は、アレキシサイミアという概念で、心身症の人が、感情を言葉でうまく表現できず、事実関係の羅列になりやすいことを示した。この傾向は、心身症に限らず、様々な身体疾患の患者にも見られるとも言われている（池見, 1993）。

　また、クライエントの要因というよりも、セラピストとの関係性の問題として理解される場合もある。どのような問題であるにしろ、クライエント自身にとって抜き差しならない悩みや困難に向き合うということは、セラピストとの信頼関係が形成されていなければ、困難である。また、当然のことながら、セラピストがクライエントの語りの奥にある心の動きを受け取り損ね、見立てを大きく誤っている場合にも、セラピストがクライエントが悩みに向き合うための共同作業者たりえず、心理療法は深まりにくいであろう。

　変化への抵抗、葛藤に向き合い考え続ける力の弱さ、内省力や言語化能力の弱さ、信頼関係や治療者の要因といった観点は、いずれも心理療法が展開しにくいと思われる場合に、まず考慮されるべき点であろう。ただ、仮にそれらの観点から見たとしても、「困り事の奥に小さな葛藤も見えてこず、ともすれば困っているのかどうかもはっきり読み取りづらい」ケースに対して、すっきりと説明がつくわけではないように思われる。そもそも、旧来の概念や関係性の要因として説明しきれないからこそ、現代の特徴として違和感をもって指摘されるのであろう。

7. 解離と発達障害という観点

　現代社会における心のあり方を考える上で、近年になって「解離性障害」

と「発達障害」が増加してきたことは参考になるであろう。解離という概念は、もともとはジャネ（1929）がヒステリーの現象を説明するために用いた概念であるが、近年は「個人が破局的な体験を乗り越えるために用いることのできる能力、ないし防衛機制」（岡野，1995, p.133）として捉えられている。「過去の記憶、同一性と直接的感覚の意識、身体的運動のコントロールの間の正常な統合」（ICD-10　WHO, 1992）を失わせる、つまり、自分自身の記憶や実感などを切り離し、時には忘れ去ったり、別の人が体験したことのように捉えることで、心的負荷を軽減しようとする心の働きである。解離を用いる者は、傷つきや不快を心の中で消化して整理するのではなく体験の一部を切り離すため、「本来存在すべき葛藤は葛藤として成立せず」対立するはずの二つの思いが二つの自分として分かれてしまって摩擦をおこさない（柴山，2007, p.20）。特に解離性障害においては、自分自身の体験したことや行ったことについて感情を込めず淡々と他人事のように語ったり、よく思い出せなかったりする（野間，2006；細澤，2012）。ただ、それは葛藤を消化したわけではなく切り離しただけで、「普段は離人的に何事もないかのように生活していてもしばしば突発的に激情が噴出するパターンを繰り返す」（野間，2012, p.21）ことも多い。この「解離」という概念がぴったりと当てはまるようなクライエントの場合、自分の振る舞いや体験について話しても実感が伴わないので語りが深まらず、かと思えば、何か外傷的な出来事と関連した事柄を想起すると、突発的に感情が噴出して不安定になりやすい。それゆえ、内省によって無意識的な内容を意識化することを目指すアプローチは生産的ではなく（Putnam, 1997, p.353）、生活上のストレスを減らし、安定を目指すためのマネージメントとして助言や指示をする必要があると言われている（岡野，2007；柴山，2007；細澤，2012）。

　「発達障害」は、自閉症スペクトラム障害や注意欠如多動性障害、学習障害などを含む、認知、言語、運動、社会的行動に関わる発達の偏りである。昨今は特に軽度の発達障害と見なせる成人の事例の増加が注目され、統合失調症様の症状、うつ状態、思春期妄想症、他の神経症症状やパーソナリティ

障害の特徴をもつ者の中にも軽度の自閉傾向が基盤にあると考えられる者が含まれていると言われている (衣笠, 2004)。軽度の者は、言語能力や知能に顕著な遅れがないため、一見してそれとはわかりにくいが、実際にセラピストがやりとりを重ねていくと、相互的なコミュニケーションを行うことの困難や、相手の立場でものごとを見たり相手の考えていることを推論したりすることの困難が顕わになってくることが多い。心理療法場面での語りの様子も、「自発的に来談した場合でさえも、彼らは相談したい事柄について自分から語ろうとする意欲に乏しい」「切迫感や当事者感に欠けている」、悩みや問題が熱心に語られてもセラピストにはそれが実感しにくい、「葛藤」や「罪悪感」が語られても「よくよく聴いてみると、どこか辻褄が合わなかったり、すべてが借り物の言葉で語られているようだったりで、彼らの語りや言葉が自らの実感に根ざしているとは思え」ない、と言われる (田中, 2013, p.26)。発達障害的な傾向をもった者においては、言語能力はあっても、その言葉は自身の心の動きを他者に伝えるツールとしては機能しにくいのである。自身の心の内を外から見る内省能力の乏しさも相まって、「複雑な言語の発達と、象徴的思考を内省し理解する能力を前提とする心理療法的テクニックは、特に不適切」(Wing, 1996, p.278) で、「洞察を中心とする心理療法はあまり有益ではない」(Klin & Volkmar, 2000, p.486) とする論者もおり、問題解決のための手順を教え、体験と感情との結びつきを教え、ソーシャルスキルを訓練する (Klin & Volkmar, 2000, p.486) といった教育的なアプローチの有効性が主張されることもある。衣笠 (2004) は、発達障害的な傾向があっても、象徴機能が維持されていれば分析的心理療法も有効としているが、そうでなければ「指示的ガイダンスを中心にした指導」(p.37) をすすめている。一方で、田中 (2009, 2010) のように、発達障害に対してセラピストが主体をぶつけることによって、クライエントが主体として生まれる瞬間に立ち会うことを中心に据えた治療論も見られる。これは、発達障害の心理療法では、いわゆる「深まり」とは異なるプロセスによって治療的な変化が起こることを示した点で重要であろう。

この解離性障害と発達障害という二つの概念は、それぞれ現代の意識のあり方を反映したものである。「私」というものに対する実感が希薄なあり方は、IT革命によって「直接的な体験を通じて身体に刻まれていくプロセスよりも、脈絡のない大量の情報を瞬時にやりとりすることに重きが置かれるような『脱身体化』が、加速度的に進められている」(野間, 2012, p.135) ことや、大量消費の時代による「かけがえのなさの消失」(河合, 2003, p.183) との関連が指摘されている。発達障害については器質的な基盤をもつ障害という点では時代と関連がないように思われがちであるが、近年では発達障害として見立てられる者が、「器質を元にした考え方では説明がつかない」ほどに増加している (河合, 2013, p.18)。それは、もちろん発達障害概念が広く認知されてきたせいもあるが、社会全体が受け皿をもたなくなったために発達障害が社会の異物として「障害化」されてきているためでもある (畑中, 2011, p.234)。

8. 神経症からの偏差として

このように考えると、現代の人々の意識のあり方を検討するにあたって、解離性障害と発達障害を現代の時代精神が先鋭化したものとして捉えてアプローチするという方法が考えられるであろう。しかし、一方で、我々が現代において日常的に出会うクライエントの大半は、「解離性障害」「発達障害」というカテゴリーに当てはまるわけではない。ある面だけを取り上げれば、解離や発達障害という観点から説明できるものの、「解離性障害」や「発達障害」とは言えない（かといって神経症的とも言えない）ようなクライエントに出会うことは非常に多いように思われる。本人としては自分自身の問題や困り事をまったく感じていないわけではないし、自分自身を省みて悩んだりもしているのに、「葛藤に引き裂かれている」とも言いがたいような者。重い病理をもっている印象も与えず、神経症水準のクライエントのように対話を通じて内的な変容を狙う構えをいくらかはセラピスト側に維持させながら、それでも今ひとつ話が深まっていかない者。このような違和感を抱かせるところ

に、「現代的」と称される、クライエントの特徴があるように思われる。つまり、このような者たちは、「解離性障害」や「発達障害」として現れるのではなくて、話の深まりを期待しながら中立的な姿勢を保って会っていったときに生じるセラピスト側の違和感を通じて発見されると言った方が、実情に近い。そうなると、このような者たちを「解離性障害」「発達障害」と同一視してその治療論を無批判に適用するのは適切とは言えないだろう。むしろ、神経症的な心の構造からの偏差として、現代の心のあり方が、いかなる形で神経症的ではないのかを検討していくことで、心理療法的アプローチの可能性を探っていけるのではないだろうか。

9. 心理療法における「他者」のイメージ

　上記のようなセラピストのような「違和感」は、様々なポイントで生じうるが、筆者は心理療法の場に現れる「他者」のイメージに注目してみたい。先に、心理療法はクライエントが「自分自身の問題に直面してゆく過程を共にしようとする」（河合, 2009, p.22）ものだと述べた。しかし、その「自分自身の問題に直面してゆく」という言葉の響きとは裏腹に、心理療法ではクライエントが直接的に自分自身に関する話だけをすることは非常にまれである。親や兄弟姉妹、友人をはじめとして、学校や職場の誰かや、時には一瞬すれ違ったり視線を交わしただけの誰かも話題にのぼる。そして、それは人間関係を主訴とするクライエントに限らない。身体的な難病に苦しむクライエントからも、心ない一言を浴びせかけられた誰かや、病をもった身体に自分を産んだ親、あるいは同様の病をもちながらも真摯に生きている人など、自分以外の誰かをめぐる思いが語られることはよくある。クライエントが自分自身の問題に向き合おうとするとき、それはどこかで他者との接点をもつのである。

　主訴となる悩みや困難に向き合う中で、クライエントの語りや夢、箱庭などに登場した他者を、セラピストはそのままその誰かについての話として受

け取りはしない。ユングは夢に現れた人物像について、その客体に対する本人のイメージが反映されていると理解できることに加えて、本人の心の中の一側面を表すものとして理解できることを示した。これは、夢に限らず、語りについても言えることである。クライエントが「親は、私が言うことをきかないと怒る」と話すとき、それは、親がクライエントに対して支配的であるという客観的事実をそのまま示すのではなく、クライエントが主観的に体験している親のイメージの反映であり、それと同時に、個々人が独立した意志をもつ関係よりも密着的な関係を作ろうとするクライエント自身の性質の反映としても捉えられるのである。

　このように他者イメージは、実は自分の一部を表していると捉えられるのであるが、同時に、やはり「他者イメージ」として表れたということにも意味がある。単に自分のことなのであれば、それは自分のこととして表現されるのであって、わざわざ「他者」の姿を借りる必要はないからである。「他者」とは、自分とは別の、独立した主体である。そのような「他者」の姿を借りて現れるような自分の一部とは、日常的な意識を生きる「私」にとっては異質な性質なのである。

　このような他者のイメージが、悩みや困難に向き合うプロセスの中で現れてくるとき、その他者のイメージは、クライエントの困難やその解決にとって重要な役割を果たす。たとえば、冒頭で挙げた河合隼雄（1971, 2009）の事例では、クライエントは同級生の女性について繰り返し語った。「化粧をして男性を探すために来ている」という同級生の視点を想像しているが、その内容はクライエント自身が想像によって創り出しているものである。そこで語られた他者の像は、クライエントが抑圧していた異性への接近欲求の投影を担う、影（shadow）のイメージと考えられる。それゆえ、その同級生の視点についての想像を深めて語ることによって、クライエントの無意識的な欲求が心理療法の場に現れ出ていったと言える。それは、異性への接近欲求を切り捨ててきたクライエントの偏りを明らかにし、症状の背後に隠されていた内的な葛藤を徐々に浮き彫りにしていった。この事例において、「同級生」

という他者のイメージは、クライエントにとっての「私」ではない自分を顕在化するものとして、主訴の背後にある内的な葛藤にたどり着くための導きの糸のような役割を担っていたと言える。ほか、クライエントの語る異性が、アニマやアニムスといった内なる異性像のイメージを担っていたり、母親の心理療法で子どもという表象に重ねて母親が自身のこととして語ることができない問題が語られたりする（橋本，2000）こともある。

　このように、悩みや困難に向き合うのに伴って、他者のイメージが動き出すとき、その他者イメージは単に記憶として貯蔵されている、外的な他者をかたどった表象なのではない。それは、「私自身の他者」であると同時に「私自身の新しい真理」（Giegerich, 1999a, p.93）なのであり、「私」と対になって「私」の偏りや欠けを補償しているような半身であり、本人が「私」として意識していなかったような、自身の内の新たな可能性である。これを「内的な他者」と呼ぶことにすると、クライエントが心理療法を継続して主訴に向き合う中で、連想された他者、急に体験世界の中に入ってくるようになった他者、心から離れなくなった他者などについて語るとき、それはもちろん表面的には「外的な他者」の話なのではあるが、同時に、クライエントの「内的な他者」との接触が始まりつつある瞬間として捉えることができよう。このように、「他者」のイメージは、心理療法が展開していくために重要な役割を果たしているのである。

　一方、ここで本題である現代のクライエントについて振り返ってみると、「悪いのはすべて自分以外の他者になっていて、話をしていても堂々巡りでいつまでたっても深まらない」（岩宮，2006, p.6）ことが指摘されている。知人の死について話した筆者のケースにも言えることだが、他者をめぐる同じ話が繰り返されたり、それがどこまでいっても自分自身についての話の深まりにつながっていかなかったり、他者とのエピソードが特に困り事とは無関係に、単発の報告で終わっていたりということが、昨今のクライエントでは見られるように思われる。これは、他者のイメージが心理療法の展開を導くように機能していない事態と言えるだろう。とすれば、それが機能していた

神経症的な心の構造と現代的な心の構造との違いを見ていくポイントとして、他者のイメージのあり方や、あるいは、他者のイメージとの関係のもち方などを取り上げることができるのではないかと考えられる。以上の問題意識から、本書では他者のイメージに注目し、それをフィルターとすることによって、現代のクライエントのあり方を抽出することを試みる。

第2章
困難の捉え方と他者イメージの推移
2000年代における比較

1. 2000年代という時期

　自分自身に意識を向けて「私」をめぐる葛藤を抱えることは、社会や歴史の観点からすると、近代意識と関連が深いと第1章で述べた。そして、現代の「ポストモダンの意識」（河合，2003, 2011）においては、社会や共同体が共有している「大きな物語」が解体され、価値観が多様になったことで、個人は、一つの大きな原理を拠り所にしたり、それに反発することで「私」を成立させようとすることが難しくなっている。他者の目に映る「私」の姿をめぐって葛藤に苦しむような対人恐怖症も、以前は日本で特徴的によく見られたが、昨今では激減していると河合（2011）は述べている。

　現代における人間関係の悩み方について考える上では、社会学者の土井（2014）が引用している内閣府の世界青年意識調査のデータが興味深い（p.12）［図2-1］。これは、18歳から24歳の若者に、友人や仲間との関係に対する「充実感」と、友人や仲間が「悩みや心配事の対象になっているかどうか」を尋ねたアンケートのデータを、5年刻みでグラフ化したものである。1977年から1998年まで、人間関係に充実感を覚える人が右肩上がりに増えていく。2003年で少し下がった後は、2013年までほぼ横ばいながら徐々に上がっていく。一方、人間関係が悩みや心配事の対象となっているという回答では、

1998年までは悩みや心配事を感じる人は減っている。これは、充実感を覚える人が増加していることと一致しており、特に不思議なところはない。

しかし、2000年代に入ると、充実感を覚える人の増加にもかかわらず、悩みや心配事を感じる人も増えはじめる。このことを土井は、「制度的な枠組みが人間関係をかつてのように強力に拘束しなくなった」ことの影響が大きいと考

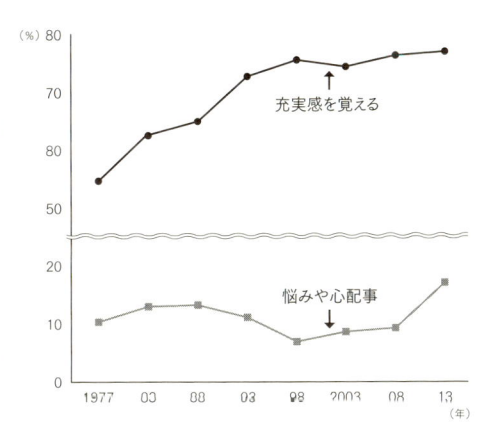

[図2-1] 友人や仲間のこと（18〜24歳）
（内閣府「世界青年意識調査」から作成）
※2013年の数値は調査方法の変更にともなう補正値
実測値は「充実感」約79％、「悩み・心配事」約45％

察している。つまり、付き合う相手を自由に選べるようになったが、それは一方で「自分が相手から選んでもらえないかもしれないリスクの高まりとセット」であり、関係を維持するためには親密さを確認し続けないといけなくなり、不安感が高まっているのではないかと述べる。社会が統一的な原理を失い多様化していくことによる影響が、アンケートに表れ出したのが2000年頃であることは、非常に興味深い。このことは、社会の変化が人間関係に顕著に影響を及ぼし、それが（アンケートに答えられるほどに）意識的に体験されるようになったのが2000年頃であることを示していよう。ちょうどこの頃に、人々が人間関係において葛藤を抱く、その悩み方がそれまでと大きく変わりつつあった可能性が高い。また、野間（2012）は、几帳面で責任感の強い人が心理的過重によって陥る旧来のうつと異なり、他責的で状況反応的な特徴を示す「新型うつ」のことを「2000年型抑うつ」と呼んでいる。このことからも、2000年代は、特に現代的な意識のありようへの変化を論じる上でも重要な時期であると考えられる。

そこで本章では、2000年代前半（2001年）と後半（2008年）に大学生に実施

した調査データを数量的に分析し、特に葛藤をめぐるあり方の変化を明らかにしたい。

2. 調査の方法

(1) 調査課題——TATの変法

　第1章で述べたように、葛藤は、心の内で相対立する二側面のあいだに生じるものである。この「相対立する二側面のあいだ」というところを、どのようにして測定するかであるが、これまでの研究に、心理検査にいくらかアレンジを加えることでそれを測定しようとしたものがある。

　桑原 (1991) のTSPS (Two-Sided Personality Scale) は、人格を表す形容詞について自分に当てはまる程度を評定する質問紙である。よくある質問紙の形式では、「冷静な」に「とてもよくあてはまる」と回答すると自動的に「情熱的」に「まったくあてはまらない」と回答したことになるが、TSPSでは対極の性質について独立した別々の回答ができるように独立させ、しかも左右に並列して提示する。それによって、回答者は正反対の二つの自分について回答可能になるのだが、それは、自分の内に相矛盾する二つの性質があるかもしれないことをどう考えるかという問いに回答者を投げ込む構造でもある。その問いへの対処の仕方によって、人格の内の相対立する二側面の認知的な処理の仕方を測定することができる。

　ほか、小林 (1993) のSCT-Bは、従来のSCTと同じように短い刺激文に続けて文を記述させた後、「が」という逆接の助詞に続けてもう一つ文を書かせる課題を与える。「が」という逆接の助詞をSCTの追加刺激として与えることによって、同じ事柄について二つの別々のイメージをどのように表現するかを見るものである。P-Fスタディでは、秦 (1993) が、従来の課題であるフラストレーション場面における応答に加え、その内面を記述させ、言葉での応答とその背後にある思いの一致、不一致のパターンを見ている。また、井上 (1984) は家屋画を描かせた後、紙の裏側にその家の裏面を描かせる家

屋画二面法を実施し、被検査者のオモテとウラ（土居，1976）の様相を見ている。

　これらの手法は、いずれも一つのことについて相異なる二つのイメージを表現させるよう工夫することで、心の内で相対立する二側面の関係性を調べようとするものである。ただ、対極的な性質、逆接関係、一場面における応答と内面、表裏など、かなり明確に対立的・対照的な概念を投映[*3]の刺激としている。研究がなされた年代を考慮しても、葛藤を内に抱える人格構造を想定していたと考えられる。どのような人が反応しても、心の中で対立している二側面を表現することになりやすい課題になるし、葛藤がもちにくい者のあり方を抽出しようとするには不向きと思われる。

　そこで本研究では、一つのことについて相異なる二つのイメージを表現させるという発想を参考にしつつ、TATをアレンジした変法を課題として研究を進めたい。

　TATとは、風景や人物が描かれた絵を見て、思い浮かぶお話を語るという課題を与える投映法である。開発者であるH・マレーとC・モーガンは、当初は「隠されたコンプレックスや無意識のコンプレックスを暴露するような空想をおこさせ」（Morgan & Murray, 1938, p.500）、無意識的な性質をそのまま映し出すレントゲン写真のように捉えていた。しかし、後の研究によって、絵の刺激から離れないという暗黙の制限が課された「統制された空想」であること（Henry, 1956）や、十分に覚醒した意識状態で熟慮を伴って作られ、常に言語化されて他人に伝達されること（Holt, 1961）などから、TAT物語は、検査者や図版、教示や検査状況に適応する意識的な努力によって作られたものであることが指摘されてきた。現在では、TAT図版を眺めて語り手の心に触発された体験過程を素材として、状況を自由に設定し択一的に筋書きの展開を選択していく、その筋書きの選び方に「語り手が現実の行動を選ぶときに用いている生き方の姿勢である『かかわり』の構造様式」（山本, 1992, p.69）、つまり、意識による方向づけを含めた語り手の「世界との関わり方」が表れるとされている。それは「人生の決定的な場面において図らずも自ら

毎回選び取り、自らが構成してしまうパターン」（大山, 2004, p.86）である。

そのような「関わり方」は、語り手が同一化している「主人公」に最もよく表れる（Murray, 1943）とされる。一方で、TAT物語のすべての登場人物が語り手のパーソナリティのいろいろな側面を表しているとも考えられている（Piotrowski, 1952）。つまり、TATは、「人物」のイメージに託して被検査者の様々な側面を表現させる可能性をもっていると言えるだろう。そのようなTATの性質を活かし、図版を見て物語を語るという従来のTAT課題に加えて、その主人公にとっての他者の視点からの物語を語るという第2の物語課題を加えることで、被検査者の二つの異なる側面とその関係性を表現させることができるのではないかと筆者は考えた。

つまり、まず第1の物語の主人公のイメージに重ねて一つの側面が表現され、次に主人公にとっての他者のイメージに重ねてもう一つの側面が表現される。その他者視点は、必ずしも第1の主人公の対立者ではないので、対立的な二側面の葛藤に限らず、広く二つの自分の関係性のあり方が表現されやすいと考えられる。また、他者視点の物語を通じて表現させるという課題は、他者のイメージに注目して現代の意識のあり方について調べていこうとする本研究の目的にも沿っていると言えるだろう。

以上から、本研究では、TATを用いて従来の教示で物語を作らせた後に、その主人公以外の人物の視点から二つ目の物語を作る課題（第2物語課題）を与える変法によって調査研究を進めていく。以下、一つ目、二つ目の物語および主人公をそれぞれ「第1物語」「第2物語」、「第1主人公」「第2人物」と呼ぶことにする。

(2) 図版3BM

TATでは、一人の被検査者に成人用図版をすべて使用すると20枚の実施になる。フルセットである20枚法を推奨する研究者もいるが（山本, 1992；鈴木, 1997）、語り手の性質や検査目的に応じて数枚の図版を選んで用いる者も多く（Hartman, 1970；安香, 1993；安香・藤田, 1997）、開発者であるマレーも4、

5枚程度のセットを作ることを提案している (Murray, 1951)。調査としては、調査協力者の負担を考えて数枚の図版を選んで実施するのが適当と思われる。

本研究では、1枚の図版について二つの物語を作っても調査時間が1時間程度で終わるよう配慮し、4枚の図版を選んで調査を行った[*4]が、本章では図版3BM[*5]の反応を取り上げて検討を行う。図版3BMは、一人の人物が背中を向けてうずくまっている絵を描いたもので、「だれが見ても否定的な状況」で(安香・藤田, 1997, p.20)、「この絵を見れば、誰でも、暗くて、何か危機に陥ってしまった人を思い浮かべる」(坪内, 1984, p.52)。この図版では、人物の脇にピストルらしき物体(それもはっきりしないので、ハサミや鍵束などとも見られることも多い)が落ちているが、それ以外に、その人物が否定的な状態に陥っている理由を判断する手がかりはない。

この図版は見る者に、十分な手がかりを与えないまま、「なぜこの人はこんな状態になっているのか」と想像するように誘う。そもそも心理的な悩みや困難とは、イメージを通じて形を成すものであって、たとえば、ある行動がうまくいかなかった事態に対して、「自分の能力」の問題として受け止める人もいれば、「人に怒られるのではないか」あるいは「誰かの思惑でこうなっているのではないか」などと人間関係の文脈で受け止める人もいるように、目の前に同じ状況があっても、それをどのようなイメージとして受けとめるかによって、生じてくる悩みは異なる。図版3BMが引き出すのは、まさにそのイメージであり、被検査者が絵の中の人物に見いだすものには、被検査者が体験しやすい悩みや困難のイメージやそれへの関わり方が反映される。したがって、困難状況下における葛藤の様相を知るのに適した図版と言えるだろう。

(3) 調査の手続き

調査は、2001年秋頃と2008年秋頃に、同じ大学に通う学生に実施した。2001年の調査協力者は47名(男性20名、女性27名、平均年齢21.1)、2008年の

調査協力者は41名（男性14名、女性27名、平均年齢20.4）であった。

　筆者が、すべての調査協力者に個別に一対一で実施した。教示は、鈴木（1997）を参考に「これからいろいろな人や景色の描かれた絵を見せますので、簡単なお話を作ってください。その絵が今どんな場面で、絵の中の人がどんな気持ちで何を考えているのか、前にどういうことがあったのか、その後結末がどうなるかなどを織り交ぜて話してください」と伝え、まず従来の手続きに従ってTAT物語を作らせた。調査協力者が物語を一つ語り終えたところで、必要に応じて主人公を調査協力者に確認した後、「今のお話の、主人公以外の登場人物を一人選び、その人物を主人公にしてその人の視点からもう一つお話を作ってください」と教示した。教示にある「登場人物」は、第1物語で言及された人物に限らず、「第1主人公と同じ物語世界の人物」という広義の意味であり、新たに想像した周囲の人物も許容した。この点については、あらかじめ伝えず、調査協力者の判断に任せ、質問があった場合には説明を行った。まず図版1について第1物語、第2物語を作らせ、続いて図版3BMについて第1物語、第2物語というように各図版に対して同様に行った。その際、調査協力者の承諾のもと録音を行った。

3. 調査データの分析

(1) 分析の観点

　繰り返しになるが、本研究の問題意識を振り返っておく。従来であれば、心理療法では、当面の困り事を語るうちに、その中に葛藤があることがわかってきたり、さらにその葛藤の奥にある、より深い葛藤に気づいていったりするというプロセスが起こることは珍しくなかった。そのような「展開」が昨今のクライエントの心理療法では起こりづらいのは、人々のあり方がどのように変化しつつあるためであるのか。それを明らかにするのが本研究の目的であった。

　このような目的に照らし合わせると、TATの分析においても、問題や困

難というものがどのように捉えられているのかに注目するのが妥当と考えられる。図版3BMで言えば、絵の中の人物が置かれている否定的な状況がどのように解釈され物語にされるのか、ということになる。それを2001年と2008年で比較することで、困り事のイメージが現代でどのように推移しているのかを明らかにできると思われる（分析1）。

　また、第1章で、クライエントが自分自身の直面している困難状況について考えていくとき、どこかで他者との接点をもつと述べた。そして、そこで動き出した他者のイメージが、内的な葛藤を顕在化させ、心理療法の展開を導くが、現代のクライエントではそれがうまく機能していないと捉えられるのではないかという観点を提示した。この観点に照らし合わせ、本章では、困難状況下にある図版の人物（第1主人公）に対して、第2物語課題でどのような他者イメージが想像されるかにも注目して分析を行う。それによって、困難状況に関連して想像される他者イメージの様相の2000年代における推移を明らかにできると思われる（分析2）。

(2) スコアリングの手続き
【分析1】
　マレーは、外界が人に何らかの効果を引き起こそうとするところのその作用を「圧力」と呼び、逆に人から外界に効果をもたらそうと働きかけるところのその作用を「欲求」と呼び、その多様な種類をリスト化した。戸川(1953)は、それをもとに「圧力」について三つに分類している。一つは、主人公が他者からプラスあるいはマイナスの働きかけを受ける「人的圧力」、もう一つは災害、運命、周囲に起こった不幸、欠乏など社会や環境など非生物的なものによってふりかかる「環境の圧力」、もう一つは疾患や死、挫折や欲求不満、罪への恐れ、身体的・心的な不全や劣等などの「内的圧力」である。本研究では、この戸川の分類に従い、図版3BMの困難状況の捉え方を【人的圧力】【環境の圧力】【内的圧力】の三つのカテゴリーでスコアリングを行った。二つのスコアにまたがる反応については両方のスコアをつけた。なお、

この三つは、図版3BMの困難状況の捉え方という文脈で言えば、「人的要因における困難」「環境による困難」「生体内の心身の要因による困難」と読み替えられるであろう。

また、いくつかの反応において、「すごく悲しいことがあって」「ふられたくらいの落ち込み方で」「失恋か何かがあって」「ショックな出来事があって」と、状況解釈が不明確あるいは不確定で、上記三つのいずれにもスコアできない反応が見られた。

状況が具体的でない反応はTATではそう珍しいわけではない。たとえば「何か思うようにいかなくて」「会社で何か言われてしまって」「自分が嫌になって」といった反応は、それぞれ具体的にどんな事件があったかは描写していない点では曖昧である。しかし、それでも、「思うようにいかない」は戸川の言う欲求不満（＝内的圧力）に該当するし、「会社で何か言われた」は何を言われたのかはわからないまでも、人的要因によるものと判断できる。最後の「自分が嫌になって」も詳細が足りない印象を受けるが、自分を責めたり嫌悪したりするような心の内から生じる状況であるから、「生体内の心身の要因による困難」としてスコアできる。しかし、先ほど挙げたような「ショックな出来事があって」「悲しいことがあって」というのは、どこからの要因でそれが生じていると解釈しているのかが不明確である。「失恋したか何か」「ふられたくらいの」という反応も、失恋に言及はしているものの、定まらない。このように、叙述が漠然としていたり不確定であったりしてスコアリングが難しい反応を【曖昧な困難】として分類した[*6]。

【分析2】

調査協力者は、第1物語を語り終えた後、次の第2物語の教示を受ける。その際、物語の内容を展開する前にまず、たとえば、「（第1主人公の）母親の視点でいきます」「（第1主人公の）様子が気になっていた友達の視点から」といったように、第1主人公にとってどのような立場の人物の視点に立つかを、まず選ぶことになる。

調査協力者の反応を見ると、第2人物の立場の選び方は大きく2種類あった。一つは、第2人物が、第1物語の困難状況における第1主人公にとっての「相手」の立場であるような、もう一人の当事者である人物の場合である。もう一つの場合とは、第2人物が第1物語の困難状況において第1主人公にとっての「部外者」である人物の場合である。前者を【相手視点】、後者を【傍観者視点】としてスコアリングを行った。

(3) 統計検定の結果

　各スコアの度数を算出し、2001年と2008年の度数の比率に差があるかどうかを調べるためカイ二乗検定を行った。5以下の度数が出現するスコアについてはフィッシャーの直接法検定を行った。

　結果、2001年群と2008年群の各スコアの出現率の差は、【人的圧力】において1％水準で有意（χ^2=6.252, df=1）、【曖昧な困難】において5％水準で有意（p=0.0208）、第2人物の視点に関して5％水準で有意（χ^2=4.859, df=1）であった［表2-1］。これを2001年から2008年という流れに沿って記述するならば、人の関与する困難として捉える反応が減り、何による困難であるのかが不明瞭な反応が増え、他者視点を想像する際に【相手視点】ではなく【傍観者視点】を選ぶ反応が増えたということになる。

［表2-1］　2001年と2008年の比較

	2001年群（47名中）			2008年群（41名中）			
人的圧力	33	(70.2%)	↑	17	(41.5%)	↓	**
環境の圧力	2	(4.3%)		4	(9.8%)		n.s.
内的圧力	14	(29.8%)		14	(34.2%)		n.s.
曖昧な困難	2	(4.3%)	↓	9	(22.0%)	↑	*
相手視点	27	(57.4%)	↑	13	(31.7%)	↓	*
傍観者視点	20	(42.6%)	↓	28	(68.3%)	↑	

** p<.01　　* p<.05

4. 考察

(1) 人間関係の悩み方の違い

2001年では、図版の人物の置かれた困難を、人的要因が関与していると捉える傾向があった。47名のうち33名の反応に見られたのであるから、実に70%の反応で人間関係がからんで図版の人物がうずくまっていると捉えられていたことになる。それに対して、2008年になると、41名の反応のうち17回と、出現率が50%を切る。これは[図2-1]で2000年度以降、人間関係が悩みや心配事の対象であるとする回答者が徐々にではあるが増加していることと一見正反対の結果のように思える。しかし、この一見したギャップこそが、現代における人間関係の悩み方が以前と変化していることを示しているように思われる。

まずは、図版の中でうずくまっている人物に、人間関係がらみの物語を見いだすことが何を意味するのかから考えてみたい。「人間関係がらみの物語」と一言で述べたが、実際の反応例としては、以下のようになる。

（例1）この女の人は、好きな人とケンカをして、体力的にも精神的にも疲れてしまって。何もする気がしなくて、ソファーのところで鍵を放り出して、ぐだーってなってる。しばらくずっとこうやって、倒れているけれど、そのうちケンカをした人から連絡がきて、仲直りができて、立ちなおって、ハッピーエンド（笑）。（2001年群　女性）

（例2）この人はお母さんで、息子をこれまで大事に大事に育ててきたけれど、息子は15、16くらいになって、今うっとおしく感じる時期で、お母さんに対して、うっとおしいという感じの言葉をぶつけて走り去っていって……。お母さんはショックを受けて、今まで頑張って育ててきたのにそれはないよって、崩れ落ちた……という物語。（2001年群　男性）

絵の人物の置かれた状況や誰との関係で困難状況が生じているのかに関しては様々な反応があるが、人間関係がらみの物語を語った反応の特徴は、何より「他の誰か」とのあいだの「する－される」関係を想像している点にある。この3BMという図版の中には、人物は一人しか描かれていない。視覚的には、他の人物は誰もいないにもかかわらず、わざわざ、目に見えない相手とその人との関係性を想像した反応なのである。ここで、「人間関係がらみの問題」は、何もないところに想像で見いだされているのであるから、イマジネーションによって作り出されていると言えるだろう。これはTATに限ったことではなく、たとえば現実に自分が不意に思わぬ行為をしてしまったとして、そこで「あの人はどう思うか」「他の人に悪い」などとその場にいない誰かへの影響を考えて悩むとき、その人間関係での悩みは、イマジネーションによって作り出されている。あえて（それでも本人の意識からすると自然に）人間関係のこととして悩んでいるわけである。

　3BMという1枚の図版に対して人間関係の悩みを見いだす人が多かったことだけから2001年群のパーソナリティについて断言することはできないが、それでも2008年と比べると明らかな差がある。また、第2物語で第1主人公にとっての「相手」の視点を想像する人が2001年群では約58％であったのが2008年群では約32％に過ぎないことも考え合わせると、2001年群では2008年群に比べて相当に「相手の視点」に対する意識が強いことがうかがえる。ある困難状況を、人間関係がらみのこととしてイメージして受け取り、自分と「する－される」関係にある相手の視点に意識を向けやすい人は、人間関係のしがらみに縛られやすい。たとえば、例2の調査協力者であれば、お世話になった人に反抗する態度をとることがあっても反抗「される側」の気持ちを豊かに想像するであろうし、例1の調査協力者であれば、物語の後半で「ケンカをした人から連絡がきて、仲直りができて」という決着をつけたところから察するに、誰かと衝突して距離を置いているときにも相手が今どう思っているだろうかと想像する人であるかもしれない。このように相手の視点を想像することは、場合によっては、本人にとって身動きのとりにく

さとして体験されうる。2001年群には、2008年群と比べると、自分の気持ちと相手の気持ちとのあいだで悩むような葛藤を抱く素地のあるタイプが多かったのではないかと推測される。

　先ほど、人間関係の悩みはイマジネーションによって作り出されると述べた。では、あまり人間関係がらみのこととしてイメージしない人が人間関係で悩まないかというと、それはまったく逆である。人間関係の自分と相手との関係性で起こる事態についてほとんどイマジネーションが働かない人に、誰かに拒絶されるなどの人間関係的な困難状況が外的に降りかかったとしよう。その場合、その人は何かがうまくいっていない感じ、あるいは不快感、あるいは驚きを感じるかもしれないが、いったい相手との関係で何が起こったのかという流れを想像して理解することは困難であろう。つまり、人間関係における個々の人物の行動の流れや、その背後にある気持ちの流れをイメージすることに馴染みがある人ほど、人間関係で起こった事態の流れをストーリーとして理解して心に収めることができる。逆に、人間関係の悩みについてイメージできないか、あるいは、できなくはないにしても自然とそのようにイメージする傾向が弱い人は、外的に人間関係の問題が起こってきたときに混乱しやすいと考えられる。

　本研究のデータで2001年から2008年でTATで人間関係の悩みや相手の視点を想像する人が減っていること、そして実際には人間関係のことを悩みや心配事とする人が増えている［図2-1］こととを考え合わせると、現代における人間関係の悩みの背景には、人間関係のことを、どのような筋で心の中で理解して消化したらよいかをイメージとして把握しにくい傾向があるのではないだろうか。そのような傾向がある場合、自身の行動を心の内で思い描いて定めることが難しく、外的に起こってくることに翻弄されやすくなる。「人間関係の悩み」と一口で言っても、以前は、相手の視点を先取りしてしがらみに縛られ、こちらを立てればあちらが立たずといった悩み方であったのが、最近では、どうしたらよいかわからないといった戸惑いの方に近くなってきているのではないかと考えられる。

（2）曖昧な困難イメージ

　困難状況の解釈が不明確あるいは不確定な反応の出現率は、2001年群では約4％で、それに比べて2008年群では有意に多く、約22％であった。実際の反応例を以下に示す。

　　（例3）この人は、失恋か何かで…すごく悲しいことがあって、で、一人でお酒を飲みに行って、酔っぱらって、自分の家に帰ってきて、こう、うなだれているところ、です。で、この後、ちゃんとお風呂に入って、ちゃんとベッドで寝て、朝起きて会社に行ったら、辛いことは辛いけれども、そういう風にちゃんと毎日を過ごして、だんだん忘れていけるっていう感じ。（2008年群　女性）

　　（例4）なんか…泣いてる…。家に帰ってきて、泣き崩れている感じですかね。多分この前に悲しい出来事があって、で、今帰ってきて、泣き崩れて、多分夫が帰ってくるまで、そのまま泣いているような。（2008年群　男性）

　例3では、「失恋」という人間関係がらみのことを思いつきながら、「失恋か何か」とはっきりと定めない。その後も、「すごく悲しいこと」がいったいどのようなことなのかは触れずに物語を展開している。例4も「悲しい出来事があって」と語ったのみで、それがいったい何なのかについては触れない。3BMという図版は見る者に、"いったいこの人に何があったのだろう"と考えさせるところがあるのだが、この2例も含めて他の反応においても、調査協力者は、何があったのかが曖昧なままであることに特に違和感を抱いていなさそうであった。

　山本（1992）によれば、TATでは、たとえば「様々にとらえてもよい中からひとつの、けんかしている状況を選択する。その次に、またこのけんかの中でAさんとBさんがいた時、どういう形の処理をするかが選択の岐路とな

る。いろいろな解決策の中でAがBにあやまるということを選ぶかもしれない。そしたらその後、Bはあやまられてどう思うか……とイマジネーションはつづく」「TAT物語は単なる止まったイメージではなく、ひとつのイメージから次のイメージへと選択をし続け、選択岐路の中のひとつを選びながら展開していく」と述べる。そして、そこでは「状況へ自己を投入しそこで1つの選択をする」ような「主体的かかわり」、言い換えれば「コミットメント」が必要とされるという (pp.68-69)。つまり、図版に描かれた困難状況の内容を具体的に思い描いて、はっきりと決定するためには、主体的関与が必要となるのである。それが、たとえば例3で落ち込みからどうやって持ちなおしていくかについては割と具体的に語られていたことからわかるように、物語全体にわたってまったく筋を決められないわけではない。困難状況の内容に限って不確定なままにしているのである。

　このような反応を与える人も、もしかしたら、「失恋か何かというのは、失恋ですか、違うのですか」「悲しいこととは具体的に何ですか」(いくつか選択肢を列挙したなら)「そのうちのどれなのですか」と検査者が問い詰めたりすれば、一応のところ何かのテーマに固定できるかもしれない。いったい何が起こったのかと悩んでいる様子がないことからすると、少なくとも言えるのは、「決められない」というよりも、はっきりと決めて固定しようとする意志の働きそのものが弱いようにも思える。畑中 (2013) は、ロールシャッハテストにおける発達障害のイメージの特徴として、「何かが木に登っている」という曖昧な反応や「ハチとかアリとかそのへん」といった未決定の反応が多いことを見いだし、「対象を捉えるための視点のそもそもの起点」である「主体」が曖昧であるがゆえに、「視線は定まらず、その先に捉えられるイメージも曖昧にならざるを得ない」(p.38) と考察している。TATはロールシャッハテストのインクのシミに比べると刺激が具体的であるため、「何かがうずくまっている」という反応は出現しえないが、明らかに「何かがあってうずくまっている人物」の絵に対して、その「何か」が不確定である反応は、それを一つの視座から定めようとする主体の不明確さを示している可能

性が考えられよう。

　ここで第1章で挙げた河合隼雄の事例を思い返してみると、クライエントの真の問題は異性へ接近欲求をめぐる葛藤であったが、一番はじめの主訴として「人が怖い」という症状があった。そして、そのような症状に向き合う中で、心理療法のプロセスは深まっていき、自分自身の葛藤に出会い、そこから人格変化が生じた。このような「人が怖い」という症状もまた、実際に人が自分を襲うなど脅威を与えてきたわけではないのだから、本人のイマジネーションによって作り出されているものである。たとえば神経症症状のように、あるはっきりとした心因性の症状が出ることも、イマジネーションによってそれを作り出し続けている（ある意味で）心の努力の結果なのだと言えるだろう。そして、それがイマジネーションによって作り出しているものであるからこそ、その症状の背後を探れば、そこには本人の主観のあり方が隠れている。それでこそ、症状が、心の何かを象徴的に表すものともなりうるし、それをとっかかりとして自分の心を知る作業を掘り下げていくことができる。このような、自分の心の深い部分とどこかでつながっているような症状を出すことができたり、症状ではなくても具体的な一筋のテーマとして何かを悩む力は、TATで困難状況の内容をある一つの筋の物語となるようにイメージをこしらえることと無関連ではないだろう。困難状況の内容を不確定なままにしておく反応が2008年群で多く見られたことは、自分自身の目の前に現れた困難に対して主観を関わらせてコミットしていく姿勢が弱い者が増えつつあることを示唆していると考えられる。それが、「いったい何に困っているのかがわかりにくい」という印象を抱かせるケースの増加につながっているのではないだろうか。

5. 次章に向けて

　本章では、2001年と2008年の大学生のTAT反応を比較することを通じて、現代においてどのように人々の心のあり方が変化しつつあるのかを考察

した。わずか8年のあいだの比較であるし、1枚の図版の反応のみを取り上げた検討であるが、にもかかわらず、はっきりとした差が見られたことは注目すべきことのように思われる。

　また、本章では他者視点の第2物語には【相手視点】と【傍観者視点】の反応があると述べたが、次の章ではそれらの反応の意味をより詳細に検討し、他者イメージのあり方と葛藤の関連について考察を深めたい。

第3章
他者イメージの特徴から見た葛藤の質

1. 本章の目的

　前章の分析で明らかになったことの一つに、2001年よりも2008年の方が、他者視点を思い描く際に【相手視点】を想像することが少なく、【傍観者視点】を想像することが多かったという結果があった。第1章で述べたように、自分を他者のように客観的に見つめる自意識が確立し、他者の視点を内的に思い描けるようになることで、人は葛藤を抱く素地を獲得する。

　ただ、前章の結果が、現代において想像される他者視点のあり方が変化してきていることを示唆しているのだとすれば、それが現代における葛藤の質を左右している可能性が考えられよう。他者イメージとして【傍観者視点】が想像されるということは、いったい、葛藤の質にどのように影響しているのか。それを明らかにすることは、「葛藤がもてない」「葛藤にならない問題を抱えている」者が増えていると言われる現代の心のあり方を照射することにつながるであろう。以上の目的から、本章では、第2物語課題における【相手視点】【傍観者視点】をはじめとする他者イメージの特徴と、葛藤のあり方と関連するであろう二つの特性との関連について数量的分析を行う。

　その二つの特性のうちの一つは、「不安」である。不安は、フロイト (1917, p.470) によれば、何らかの危険が存在する場合に生じるような妥当な理由の

ある「現実不安」と、外界に存在する危険性はわずかであるにもかかわらず大きな不安が内側から生じているような「神経症的不安」に分けられる。前者のような不安は、迫り来る危険に備えるためのシグナルとしても役立ちうるものであるが、後者は内発的なものでフロイトはその奥に内的な葛藤を見いだした。井村 (1951) もまた、「人格の保全に重要な影響のある葛藤が強い不安をもたらす」(p.51) と述べており、内発的な不安は葛藤と関連が深い。したがって、不安の高低は、抱えている葛藤の強さや、あるいは葛藤をうまく処理して心に収められているかどうかを知る指標となると思われる。

　不安の高低を測定する尺度はいくつもあり、代表的な尺度としては、回答時の不安 (状態不安) と、個人が比較的一貫してもつ不安 (特性不安) とを分けて測定する STAI (State-Trait Anxiety Inventory) や、MMPI から抽出した項目から構成される MAS (Manifest Anxiety Scale) などがある。本研究では、「人格統御力の不足」「自我の弱さ・ノイローゼ傾向」「疑い深さ」「罪悪感」「衝動による緊迫」の五つの因子から不安を多面的に測定することができる CAS (Cattell Anxiety Scale) を用いる。

　もう一つの特性は「解離傾向」である。解離は、第1章で述べたように、現代の意識のあり方の特徴として取り上げられることが多い概念であり、相対立する二つの自分のあいだで板挟みにならない傾向を示す指標となると思われる。解離の程度を測定する尺度には、解離体験尺度 (DES: Dissociative Experiences Scale) (Bernstein & Putnam, 1986) や、DIS-Q (Dissociation Questionnaire) (Vanderlinden et al, 1993)、そして比較的日常的で健康的な解離的体験について問う日常的解離尺度 (舛田・中村, 2005) などがある。中でも、最も代表的なものである DES は、解離性障害のスクリーニングを目的として開発されたもので、現在に至るまで臨床群だけでなく一般母集団を対象としたデータでも信頼性と妥当性が確認され (Ross et al., 1990　日本版では田辺, 1994)、臨床や研究で広く用いられている。質問項目は、健忘・人格交代に関連する体験、離人体験・現実感喪失体験、空想や物語への没入、フラッシュバック、苦痛の無視などの28項目からなり、日常生活における解離的な体験の頻度を問

うものであるが、比較的長いスパンでの個人の傾向性を問うているため特性尺度としても理解され (田辺, 2009)、解離傾向の尺度 (田辺, 1994) としても捉えられている。本研究では、最も代表的で臨床や研究で広く用いられているという理由で、DESを用いることにする。

TATについては第2章に続いて図版3BMの反応を取り上げ、TATの第2人物の視点イメージの特徴とCAS、DESとの関連を検討し、困難状況に対して想像される他者イメージの質と葛藤のあり方について考察していく。

2. 調査の方法

2005年と2008年に調査を行い、大学生を中心とする男性38名、女性56名の計94名を対象とした[*7]。年齢は18〜32歳 (平均年齢20.8, $SD=2.8$) であった。CASは対馬他 (1960) の日本語版を用い、はい・どちらともいえない・いいえの3件法で実施した。DESは、パトナム (1997) の日本語版 (梅末訳, 2001) を用い、回答は、両端に0%と100%が書かれた10cmの直線に印をつけて答える視覚的アナログ尺度法で実施した。TAT課題については第2章と同様である。手続きとしては、DES、CAS、TATの順に、個別実施で行った。

3. 結果の分析

(1) 他者視点物語 (第2物語) の分析指標の作成

第2人物の視点からの物語を分析するための着眼点については、すでに第2章で【相手視点】【傍観者視点】という観点を提示したが、たとえば同じようなポジションの人物であっても、その人物が批判めいたことを言ってくるような人物であるのか、あるいは、保護的な関わりをしてくる人物であるのかという「関わりの態度」によっても、ずいぶんと人物像は異なっていると言える。繰り返しになるが、葛藤というものが、心の内で思い描いた他者の視点から自分自身を見ることで生じるのであれば、被検査者がイメージした

第2人物の「関わりの態度」にも、被検査者の葛藤のあり方が反映される可能性があろう。そこで、本章では、第1物語に対して【相手視点】【傍観者視点】のどちらの位置にある第2人物を選ぶかという「視点の位置」の要因に加えて、第2人物がどのように第1主人公に関わっているかという「関わりの態度」の要因にも注目して分析を進めたい。

　第2人物の「関わりの態度」については、たとえば「第1主人公を叱るけれども、後で謝る」といったように、一つの物語の中にも様々な関わりが複合して語られていることが多い。そのようなものを数量的に分析するためには、たとえば「批判」「謝罪」といったいくつかの分析指標を作成して、該当の有無をチェックしていくのがよいと考えられる。そこで、KJ法におけるグループ分けの手法を用いて、第2人物によく見られる関わりの態度を抽出して指標を作成することにした。

　ただ、KJ法のように、研究者の主観や解釈を活かしてグループを編成していく手法は、それによって編成されたグループの客観性が問題になる。西條 (2008, p.176) は、科学性の条件の一つとして「構造化に至る諸条件の開示」を挙げ、どのようにデータを収集、加工、分析して得られた結果であるかを開示し結果の有効性や射程を読み手が判断できるようにすることが必要と述べている。そこでやや長くなるが、本研究でも、データの分析手順を明示化することにする。

　手続きは、川喜田 (1970) を参照し、難波 (2005) に準じた手順で、すべて筆者一人で行った。まずすべての録音データを沈黙や言いよどみといった語りの様子も含めて文字に起こした。次に図版3BMの全反応について、文脈を十分理解するために何度も通読した上で、第2物語で第2人物が第1主人公に向けた行動や態度、思考、感情についての記述を、意味のまとまりで区切って抽出し、それについて短い言葉で内容を端的に示すラベルをつけた[*8]。ここまでの手順について具体例を挙げる。失恋で落ち込んでいる第1主人公に対して「友達(第2人物)は、次があるよと言って…つらいだろうなと思う…けど…早くしっかりしろと思っている」という第2物語について、「次があ

るよと言う」「つらいだろうなと思う」「しっかりしろと思っている」をそれぞれ別の関わりの記述として抽出した。そして、それぞれに「慰める」「つらさを想像する」「変化を期待する」というラベルをつけるといったようにである。次にラベルをカード化して、類似したラベルをまとめてセットを作っていった。それが7割程度進んだところで併行して、集まったセットの内容を凝縮して示す表札を作って留めていった。グループ化しにくいものは、無理にまとめずに残しておいた。ラベルをまとめて表札を作る手続きを繰り返し、10枚以上のラベルからなるグループが八つでき、残りが1～4枚のラベルからなるグループとなった時点で終了した。終了のタイミングについては難波（2005）が、最終的に4、5～10束以内にまとまるまで繰り返すと述べていることを参考にした。本研究では指標に対して数量的処理を行う目的から、10以上というまとまった該当数が見られた八つを指標として採用した。

　八つの指標とは、以下のようなものである。

① 支持・解決　第1主人公の困難状況を好転させようとする態度に関する指標である。〈精神的支持〉というセット（「慰める」「励ます」「なだめる」などのラベルからなる）と、〈解決志向的関わり〉のセット（「身体的援助」や「状況解決の働きかけ」からなる）をまとめて編成した。

② 心配　「心配する」「気遣う」など、気持ちとして第1主人公のことを気にかけているとする記述からなるセットを、このグループとした。

③ 途方に暮れる　「どうしたらいいかわからない」「どうにもできない」など第1主人公の状況に対して何もできないということを明確に述べた記述からなるセットを、このグループとした。

④ つらさの想像　「ショックだろうなと思って」「つらい思いをさせている」など、第1主人公のつらさや苦しさの気持ちを想像している記述からなるセットを、このグループとした。

⑤ つらさへの同調　「見ててつらい」「第1主人公の状態を悲しく思っている」と、否定的な状態にある第1主人公を見て第2人物自身が否定的

な状態にあるような精神状態になっている記述からなるセットを、このグループとした。

⑥ 罪悪感　第1主人公が困難状況にあることについて、責任を感じ、謝罪したり後悔したりする記述からなるセットを、このグループとした。

⑦ 非受容的態度　現在の第1主人公のあり方をそのまま受容せず不十分さを認める態度に関するカテゴリーである。〈非受容的態度〉というセット（第1主人公に対して「あきれる」「理解できない」といった記述や、第1主人公を否定的に評価する記述からなる）と、〈変化を期待する〉というセット（「もっとこうあるべき」「こうして欲しい」などからなる）を、このグループとしてまとめた。

⑧ 困難への無関心　第1主人公の悩みや困難の中核的な部分について、「知らない」「考えていない」「わかっていない」とする記述からなるセットを、このグループとした。

以上の八つのグループを指標として採用したが、その他、ラベルの少なかったグループには、関係の拒絶、好意を向ける、不信、欺く、腹を立てる、冷静に見つめるなどがあった。

このような手続きで得られた指標は、他の研究者によっても評定可能な信頼性を備えている必要があると思われる。そこで、以上の指標について、データを繰り返し参照しつつグループの内容を的確に示すような評定基準を作成した。その際、【相手視点】【傍観者視点】という第2人物の「視点の位置」の指標についても評定基準を作成し［表3-1］、全9項目の指標について評定者間信頼性の検討を行った。手続きとしては、まず筆者が、全体の約20％強にあたる20の反応を、乱数を用いてランダムに選んだ。それらの反応について［表3-1］の基準に従って各指標に該当する箇所の有無を評定するよう、臨床心理士1名に依頼した。独立に評定した筆者の評定との一致率は85〜95％で、平均して約90％であった［表3-2］。不一致箇所については協議を行い、その際、極力プロトコルの記述に基づいて評定するよう心がけることで

第3章　他者イメージの特徴から見た葛藤の質　　53

[表3-1]　TAT分析指標

関わりの態度に関する指標

①	支持・解決	「慰める」「励ます」など、第1主人公を心理的に支えたり、第1主人公の悩みや困難な状況を解決したりするような、具体的な働きかけの記述。
②	心配	具体的働きかけではないが、第1主人公に対して「心配している」「気遣っている」など、気持ちとして気にかけている記述。
③	途方に暮れる	「途方に暮れる」「どうしたらいいかわからない」「どうにもできない」など第1物語の状況に対する対処不能性を示す記述。
④	つらさの想像	「ショックだろうなと思って」「第1主人公にはつらい思いをさせているなと思う」「大変さをわかる」など、第2人物が第1主人公のつらさや大変さを想像する記述。
⑤	つらさへの同調	第1物語の否定的状況に関して、第2人物自身が「つらくなる」「悲しくなる」とする記述。
⑥	罪悪感	第1物語の状況に対して、罪悪感や後悔を抱いているとする記述。
⑦	非受容的態度	第1主人公に対して否定的に評価する、「あきれる」「理解できない」といった批判的態度をとる、あるいは「もっとこうあるべき」「こうして欲しい」と変化を望むなどの記述。
⑧	困難への無関心	第1主人公の悩みや困難の中核的な部分について、「知らない」「考えていない」「わかっていない」とする記述。
	その他	関係の拒絶、好意を向ける、不信、欺く、腹を立てる、冷静に見つめるなど

視点の位置に関する指標

相手視点－傍観者視点	第2人物が第1主人公の悩みや困難の原因となった人間関係における、相手の立場か、あるいは第1主人公の悩みや困難の原因を作り出した立場であるとする場合を相手視点、そうでないものを傍観者視点とした。

[表3-2]　各指標の評定一致率

指標	一致率（％）
支持・解決	85
心配	85
途方に暮れる	95
つらさの想像	85
つらさへの同調	95
罪悪感	95
非受容的態度	85
困難への無関心	90
相手視点－傍観者視点	95
平均	89.375

ほとんどが容易に一致した。以上から、ある程度十分な評定者間信頼性があると判断した。

(2) CASの分析

CASの合計得点については平均値42.3、SD=12.7、歪度0.19、尖度0.011であり、クロンバックのα係数は.80であった。しかし、対馬他(1960)に従い下位得点を算出したところ、α係数は「人格統御力の不足」が.57、「自我の弱さ・ノイローゼ傾向」が.40、「疑い深さ」が.61、「罪悪感」が.34、「衝動による緊迫」が.67と低く、内的一貫性が乏しかった。合計得点のα係数が.80あることからすると、CASの質問項目の信頼性の問題というより、50年前と現在で不安の構造が変化してきたことに起因する可能性が考えられよう。そこで40項目の質問項目を用いて因子分析(重みづけのない最小二乗法)を行った。回帰法により因子得点を算出した。スクリープロットと因子の解釈の可能性を考慮して因子数は4とし、直接オブリミン回転を行った。結果を[表3-3]に示す。なお、因子負荷量が0.35以上の場合には網かけをしてある。因子間相関を[表3-4]に示す。

第1因子は「しっとにかられて行動しやすい」「人に対して腹を立てやすい」「話しているうちに、いらいらして人に思いがけないことをいってしまうことがある」「人に頼んだことが無理だとわかっていても、『駄目だ』といわれるといい気持がしない」に負荷が高く、【対人的な情緒不安定さ】に関する因子とした。第2因子は「度々不幸に出会っても大体明るい気持でいられる」「危急の際でもおちついて行動できると思う」「困難にであっても気がくじけない」(いずれも逆転項目)に負の負荷が高く、【困難時の気持ちの揺れにくさ】に関する因子とした。第3因子は「何かやりたいが何をやっていいか分らないので気持がおちつかない」「気分が重くて人に会いたくないことがよくある」や眠りづらさの項目に負の負荷が高かった。漠然とした心身の不調として表れる不安の低さに関連していると考え、【漠とした不安感の低さ】に関する因子とした。第4因子は「どんな障害に出会っても決してはじめの

[表3-3] CASの因子分析結果（重みづけのない最小二乗法、直接オブリミン回転）

	質問項目　（*は逆転項目）	第1因子	第2因子	第3因子	第4因子	共通性
4	しっとにかられて行動しやすい	.697	-.114	.140	.022	.478
22	人に対して腹を立てやすい	.573	-.056	-.110	.071	.394
19	話しているうちに、いらいらして人に思いがけないことをいってしまうことがある	.572	-.032	.019	.278	.441
10	人に頼んだことが無理だとわかっていても、「駄目だ」といわれるといい気持がしない	.506	-.123	-.109	-.152	.314
29	相手が本当に私の話に興味をもっているかどうかと疑うことがある	.405	.198	-.307	.071	.352
33	物事が上手くゆかないと泣きたくなる	.394	-.191	-.022	-.034	.198
3	人から批評されると、なるほどと思うより感情を害する方だ	.361	-.118	-.154	.030	.205
23	感情を言葉や態度に表わしやすい	.284	-.248	.191	.255	.229
12	私の親（又はそれに代る人）はわからずやだ	.267	.130	.141	-.054	.095
1	人に対する気持や物事についての興味が変わりやすい	.257	-.178	-.161	.083	.169
7	別に目的もないのに物の数を数えずにはいられないことが時々ある	.229	-.044	-.224	.068	.144
14	子どもの時くらやみが怖かった	.211	.037	.057	-.022	.043
9	自分の両親は立派な人だと思う*	.148	.100	-.031	-.019	.033
35	何かの音（例えばキイキイいう音）をきくといやで身ぶるいする	.147	.092	-.113	.145	.075
25	度々不幸に出会っても大体明るい気持でいられる*	-.200	-.620	-.143	.006	.445
20	危急の際でもおちついて行動できると思う*	.183	-.581	.037	.242	.459
40	困難にであっても気がくじけない*	.001	.672	.135	.215	.434
31	たいていの人はちょっとおかしい（又は変わっている）と思う	.220	.517	-.139	.305	.421
38	困ったことに出会うと、興奮したりあわてたりしやすい	.222	-.472	-.105	.277	.429
2	人から軽く見られてもあまり気にしない*	-.013	-.445	-.006	-.062	.198
34	ほんの小さなことでくよくよと気に病む	.264	-.404	-.220	-.194	.342
27	ひどく気がてんとうしても、たいていすぐに落ち着きを取り戻せる*	.146	-.378	.035	-.012	.162
18	友達に頼りすぎる方である	.037	-.344	-.051	.076	.139
21	何かやりたいが何をやっていいか分らないので気持がおちつかない	-.070	-.131	-.569	.170	.394
30	気分が重くて人に会いたくないことがよくある	.163	.168	-.530	-.138	.356
17	議論をする時、自分の考えが正しいと確信するまでいつまでもひかえることが出来る*	.146	-.153	.495	.120	.249
13	日々の生活をうまくやっていると思う*	.034	-.131	-.427	.065	.232
26	夜中にふと目がさめて心配事で眠れないことがよくある	.089	-.133	-.418	-.006	.230

24	物事をする時、緊張してエネルギーを使いすぎる	-.086	-.242	-.406	-.109	.235
28	普段は床につくとすぐ眠れる*	-.148	-.095	-.403	.088	.186
32	人中にいてもふと淋しくてたまらなくなることがある	.174	.114	-.390	.048	.224
11	あまり親切にされるとその人の本心が疑いたくなる	.060	.198	-.323	.147	.171
8	人前で体裁の悪い失敗をしてもすぐに忘れることができる*	-.001	-.237	-.292	-.056	.154
39	難しい仕事をせねばならないと考えただけでも汗が出たりふるえたりする	.259	-.207	-.285	.071	.258
37	どんな障害に出会っても決してはじめの目的をかえない*	-.046	-.375	.130	.646	.342
16	ぽかんとしていたり物忘れをするようなことはほとんどない*	-.089	.016	-.088	.621	.394
36	心配事を考え出すと不安でたまらなくなることがある	.303	-.292	-.292	-.404	.417
5	何となく体の調子が悪いことがある	.071	.073	-.121	.177	.064
15	もし生まれかわることが出来るなら、違ったことがしてみたい	-.129	-.121	.047	.166	.058
6	生々しい夢を見て眼がさめることがよくある	.087	.078	-.113	.133	.051
回転後の負荷量平方和		3.275	3.198	3.101	1.918	

目的を変えない」「ぽかんとしていたり物忘れをするようなことはほとんどない」(いずれも逆転項目)に負荷が高かった。基本的に不安の高さに正の負荷が

[表3-4] 因子間相関

因子相関行列	第1因子	第2因子	第3因子
第2因子	-.028		
第3因子	-.236	.111	
第4因子	.123	-.077	-.110

あるが、「心配事を考え出すと不安でたまらなくなることがある」に負の負荷が高いのが特徴であった。逆転項目と負荷の正負を修正して考えれば、「目的が変わりやすい」「物忘れしやすい」「心配事を考え出して不安でたまらなくなるというわけではない」とことに関連する因子ということになる。意志や注意を保ち続けることの難しさや悩み続けない傾向に関連していると考え、【意志の移ろいやすさ】に関する因子とした。

(3) DESの分析

バーンスタインとパトナム(1986)にならい、各質問項目への0～100%の

回答を5％刻みで得点化し、その平均をとって合計得点を算出した。平均値18.1、SD=12.9で、クロンバックのα係数は.93であった。歪度1、尖度0.7の、左側に偏った分布であり、正規分布への適合度の検定としてコルモゴロフ－スミルノフ検定を行った結果、5％水準で有意であり、正規分布に従っていないことが明らかになった。そこで、DESの合計得点に対して開平変換を行った。変換後の得点は、平均値4.0、SD=1.5、歪度0.23、尖度-0.5で、コルモゴロフ－スミルノフ検定を行ったところ、非有意で、正規分布に従っていないという帰無仮説が棄却された。よって、本研究では変換後の得点を採用して統計検定を行うことにした。

(4) 統計処理

　分析の精度を上げるため、統計処理を行う前に、研究目的に合致しないいくつかの反応を除外した。その一つのパターンは、鈴木(1997, p.390)のデータによれば90％以上の者が心身の不調を見いだす図版3BMで、「ただ眠っている」など第1主人公が困難状況にあると認知されない反応である。これもまた被検査者の特徴を示す反応ではあるが、本章の目的が、第2物語から「困難状況に対して想像される他者イメージの質」を分析しようとするものであるので、その目的には合致しない。そのため、第1物語で困難状況が描かれなかった七つの反応を、本章の分析からは除外した。

　もう一つのパターンは、第2人物の視点から語るという第2物語課題で、第2人物の内面に言及せず「視点」として十分にイメージすることができていない反応である。その中にも二つのタイプがあって、一つは出来事や第2人物の行動・性質を表面的に述べるのみで感情の生起や動機が言及されない、つまり第2人物への同一化がない反応であり、もう一つは第2人物が設定できなかったり第1主人公の視点が継続したりする反応など第2物語課題の失敗と言える反応であった。他者イメージをどのように描くかではなくて、他者の視点を想像すること自体が問題になっている、これら12の反応も上記の目的に合致しない反応として本章では分析から除外した[*9]。

残る75の反応を筆者が評定し、各指標の該当の有無によって2群に分け、群を独立変数、CASの合計得点と各因子得点およびDESの得点を従属変数とする一元配置分散分析を指標ごとに行った。F検定が有意で、等分散とみなせない場合にはウェルチの方法を用いた。

4. 結果および考察

各群の平均値、SDと分散分析の結果を［表3-5］に示す。

注目すべきは、関わりの態度の指標については不安との関連は見られるが、解離との関連はわずかに〈非受容的態度〉で有意確率10%水準での差が見られたのみであったのに対して、視点の位置の指標については不安とは関連が見られず、解離とのみ関連が見られたことである。このことについては総合考察で触れるとして、まずは、はっきりとした有意差が見られた結果について指標ごとに確認しておく。

〈支持・解決〉の態度を含む第2物語を語った者は、そうでない者に比べて、【対人的な情緒不安定さ】[10]が有意に低く（$F(1, 41.488)=5.037, p<.05$）、CAS合計得点もまた、有意に低かった（$F(1, 73)=5.501, p<.05$）。つまり、第1主人公を慰めるなどして精神的に支えたり、苦しむ第1主人公のために「救急車を呼ぶ」など状況を解決するよう働きかけたりするような第2人物のイメージを語った者は、全体的に不安の得点が低く、特に人間関係において不安になりにくい、という結果であった。この結果は、困難状況の第1主人公に対して支持的な他者視点イメージを思い描く者には、他者が支えになるという信頼感があるということを示しているのであろう。そして、この反応はまた、困難状況で支えられたり解決に近づいたりというイメージを内的に思い描けるということでもある。CASで対人的な因子だけでなく全体的に不安が低いという結果は、このような他者視点をイメージできることが、不安を収める力に関わっていることを示していると考えられる。

〈途方に暮れる〉の態度を含む第2物語を語った者は、【漠とした不安感の

[表3-5] 各群の平均値と標準偏差

① 支持・解決		有 (18)		無 (57)		
		平均	SD	平均	SD	
	対人的な情緒不安定さ	-0.23	0.65	0.17	0.94	*
	困難時の気持ちの揺れにくさ	0.32	0.83	-0.04	0.88	
	漠とした不安感の低さ	0.25	0.87	-0.19	0.87	+
	意志の移ろいやすさ	-0.07	1.04	0.02	0.77	
	CAS合計 (不安)	37.1	12.2	44.5	11.5	*
	DES (解離傾向)	3.8	1.2	4.0	1.6	

② 心配		有 (11)		無 (64)		
		平均	SD	平均	SD	
	対人的な情緒不安定さ	-0.28	0.85	0.13	0.89	
	困難時の気持ちの揺れにくさ	0.43	1.07	0.02	0.83	
	漠とした不安感の低さ	0.12	0.63	-0.12	0.92	
	意志の移ろいやすさ	0.18	0.81	-0.03	0.84	
	CAS合計 (不安)	37.4	13.9	43.7	11.5	
	DES (解離傾向)	3.9	1.2	4.0	1.6	

③ 途方に暮れる		有 (12)		無 (63)		
		平均	SD	平均	SD	
	対人的な情緒不安定さ	0.36	0.98	0.02	0.87	
	困難時の気持ちの揺れにくさ	-0.04	0.84	0.06	0.89	
	漠とした不安感の低さ	-0.56	1.03	0.00	0.84	*
	意志の移ろいやすさ	0.07	0.50	-0.01	0.89	
	CAS合計 (不安)	48.6	15.8	41.6	11.0	+
	DES (解離傾向)	4.6	1.6	3.9	1.5	

④ つらさの想像		有 (10)		無 (65)		
		平均	SD	平均	SD	
	対人的な情緒不安定さ	-0.43	0.90	0.16	0.87	+
	困難時の気持ちの揺れにくさ	0.38	0.87	-0.01	0.87	
	漠とした不安感の低さ	-0.18	0.72	-0.07	0.91	
	意志の移ろいやすさ	-0.54	0.82	0.08	0.81	*
	CAS合計 (不安)	35.4	8.5	43.9	12.1	*
	DES (解離傾向)	3.0	1.5	4.0	1.5	

⑤ つらさへの同調		有 (13)		無 (62)		
		平均	SD	平均	SD	
	対人的な情緒不安定さ	0.04	0.89	0.08	0.90	
	困難時の気持ちの揺れにくさ	-0.35	0.77	0.13	0.88	+
	漠とした不安感の低さ	-0.55	1.07	0.01	0.82	*

		有(11)		無(64)		
	意志の移ろいやすさ	0.10	0.52	-0.02	0.89	
	CAS合計(不安)	49.3	13.8	41.4	11.3	*
	DES(解離傾向)	4.1	1.6	3.9	1.5	
⑥ 罪悪感		有(11)		無(64)		
		平均	SD	平均	SD	
	対人的な情緒不安定さ	-0.14	1.03	0.11	0.87	
	困難時の気持ちの揺れにくさ	-0.20	0.67	0.09	0.91	
	漠とした不安感の低さ	-0.18	0.80	-0.07	0.91	
	意志の移ろいやすさ	-0.28	1.08	0.05	0.79	
	CAS合計(不安)	42.9	13.3	42.7	11.9	
	DES(解離傾向)	3.4	1.9	4.1	1.4	
⑦ 非受容的態度		有(16)		無(59)		
		平均	SD	平均	SD	
	対人的な情緒不安定さ	0.37	0.86	-0.01	0.89	
	困難時の気持ちの揺れにくさ	0.25	0.93	-0.01	0.86	
	漠とした不安感の低さ	-0.17	0.86	-0.07	0.90	
	意志の移ろいやすさ	-0.10	0.95	0.03	0.81	
	CAS合計(不安)	44.6	10.7	42.2	12.4	
	DES(解離傾向)	4.6	1.3	3.8	1.5	+
⑧ 困難への無関心		有(14)		無(61)		
		平均	SD	平均	SD	
	対人的な情緒不安定さ	0.44	0.84	-0.02	0.89	+
	困難時の気持ちの揺れにくさ	-0.40	0.74	0.14	0.88	*
	漠とした不安感の低さ	-0.38	0.78	-0.02	0.90	
	意志の移ろいやすさ	0.31	0.68	-0.07	0.85	
	CAS合計(不安)	49.8	10.3	41.1	11.9	*
	DES(解離傾向)	4.2	1.3	3.9	1.6	
視点の位置(相手視点-傍観者視点)		相手視点(32)		傍観者視点(43)		
		平均	SD	平均	SD	
	対人的な情緒不安定さ	0.08	0.96	0.06	0.84	
	困難時の気持ちの揺れにくさ	0.04	0.80	0.05	0.94	
	漠とした不安感の低さ	0.04	0.72	-0.18	0.99	
	意志の移ろいやすさ	0.04	0.91	-0.03	0.78	
	CAS合計(不安)	41.9	10.5	43.3	13.1	
	DES(解離傾向)	3.5	1.4	4.3	1.5	*

+ $p<.10$ * $p<.05$ ** $p<.01$

低さ】($F(1, 73)=4.168, p<.05$) が有意に高かった。つまり、第1主人公の困難状況に対してどうしたらいいかわからないと感じる第2人物の視点を思い描いた者は、漠然としていて身体化されるような不安の高さを示したということになる。笠原(1981, p.139)によれば、「『悩み』を構造化する力」が少ない者は、心理的な主観的体験として不安を処理できず、「なんとなく元気がなかったり、睡眠がわるかったり、原因不明の身体症状があったり」という状態になりやすいという。とすれば、上記の結果は、困難状況にある人物に対して途方に暮れるような他者視点をイメージする者は、不安の高さの一方で、それをはっきりとした心理的な悩みとして構造化する力に乏しいことを示していると考えられよう。〈支持・解決〉の結果からも言えることであるが、他者視点として思い描かれるイメージは、単なる外側の誰かの(静的な)写しなのではなくて、内的な「もう一つの視点」として機能して、困難状況で生じる否定的な体験をどう受け止めるかを左右するのだと考えられる。

〈つらさの想像〉の態度を含む第2物語を語った者は、【意志の移ろいやすさ】が低く ($F(1, 73)=5.057, p<.05$)、CAS合計得点も有意に低かった ($F(1, 73)=4.502, p<.05$)。つまり、たとえば失恋して落ち込んでいる第1主人公を見て「つらいだろうなと思う」などと、第2人物が第1主人公のつらさや大変さを推測し理解するような他者イメージを思い描いた者は、意志や目的がぶれにくく、不安になりにくいという結果である。この他者イメージの特徴は、第2人物が他者でありながら、第1主人公の内面を推測して、「つらいだろう」といった言葉によってつらさを集約して把握している点である。このようなイメージを思い描くことは、思いに注意を向けて客観的に把握する視点をもつことができることを示していると思われる。それによって、自らの思いがぶれないようにしっかりと把握することができたり、自身の気持ちを内省的に把握して気持ちを安定させたりすることができるのではないかと考えられる。

〈つらさへの同調〉の態度を含む第2物語を語った者は、【漠とした不安感の低さ】($F(1, 73)=4.531, p<.05$) とCAS合計得点が有意に高かった ($F(1,$

73)=4.960, $p<.05$）。つまり、落ち込んでいる第1主人公を見て第2人物も落ち込むなど、第1主人公が置かれている状況に第2人物もつらさを感じる他者視点イメージを思い描いたものは、漠然としていて身体化されるような不安を体験しており、全体的にも不安が高いという結果である。前述した〈つらさの想像〉と対比するとよくわかるが、〈つらさの想像〉では、第2人物自身は感情的にならず第1主人公のこととしてのつらさを見つめているのと対照的に、〈つらさへの同調〉では、第2人物自体が他者でありながら第1主人公の状態の否定的な雰囲気に巻き込まれているのが特徴である。このような他者視点イメージを思い描く者は、他者視点という別の視角に立とうとするときでも、否定的な情緒から距離をとることが難しく、それゆえに不安を整理して捉えることが難しいのではないかと思われる。

　〈困難への無関心〉の態度を含む第2物語を語った者は、【困難時の気持ちの揺れにくさ】（$F(1, 73)=4.553, p<.05$）と、CAS合計得点（$F(1, 73)=6.360, p<.05$）が有意に高かった。たとえば、恋人に裏切られ泣き崩れている第1主人公に対して「第1主人公が傷ついているのを知らずに過ごしている」など、第2人物が第1主人公の悩みや困難の中心的内容について、気づいていないことにしているイメージを語った者は、困難に出会ったときに気持ちが揺れやすく不安が高いという結果である。

　この反応の特徴である、「他者が知らないでいる」「他者の視点からすると見えていない」というイメージとはいったい何を意味するのであろうか。自由に様々に第2人物の視点を語りうる機会なのに、わざわざ「知らない」というイメージを被検査者が語ったのは、なぜなのだろうか。この反応の典型は「（第2人物は）何も知らないで、普通に過ごしている」という語りであるが、そのように語りからは、逆に「知っていたら、そうはしていられないだろう」という文脈がかすかに匂ってくる。第1主人公の困難状況が真に第2人物に認知される事態を可能性として匂わせながら、それを実現させはしないという裏腹さが、このイメージには認められるのである。

　多くの者が、当たり前のようにスムーズに、第1主人公の困難状況を第2

人物が知っているイメージを思い描いたのに、なぜ一部の者は、このような複雑な反応をしたのだろうか。たとえば、親に言われた一言で傷ついて立ちなおれない第1主人公のイメージを語ったあとで、その状態を見ている親が「傷つけてしまったことに罪悪感を抱いた」というイメージを語るならば、そのときそのイメージのネガとして「第1主人公が親に責任を感じさせた」かのような文脈が、そこに生まれる。もし、第1主人公の状態を見た友人が「慰めて気持ちを支えてあげた」という第2人物のイメージを語るならば、それは同時に「第1主人公が慰めを必要としていた」という文脈を生み出している。第2物語という課題は、他者の視点からのイメージを語ることによって、反転したネガとして第1主人公のイメージに再度動きをもたらすのである。それを踏まえると、「知らない」「気づいていない」反応に見られる裏腹さは、上記のようなイメージの動きが生じる可能性を予期・期待しながら、一方でその実現に抵抗するという自己矛盾であり、神経症的な葛藤の反映であると考えられる。このような他者の視点をイメージした者が、不安が高く困難に直面したときに気持ちが揺れやすいという結果は、自己矛盾に引き裂かれているがゆえの精神的安定の悪さのためではないかと考えられる。

最後に、第2人物の視点の位置についての結果を検討する。〈相手視点〉の第2人物を選んだ者は、〈傍観者視点〉を選んだ者に比べてDESの得点が有意に低かった（$F(1, 73)=4.630, p<.05$）。〈相手視点〉は、たとえば、恋人に振られて落ち込んでいる第1主人公に対して、振った恋人を第2人物に選ぶ場合などで、他方、〈傍観者視点〉は、恋愛関係の破綻には直接関与していない友人などを選ぶといった反応である。傍観者視点と解離傾向との関連は、解離症状をもつ者が自分自身のことに他人事のような態度をとることや、解離性障害の者が自分の身体を外から見ているような状態を体験することと関係しているであろう。ただ、ここでは別の角度から、なぜ解離傾向の高い者が〈相手視点〉を選ばないのかという観点からも検討しておきたい[*11]。

第1主人公が何らかの悩みや困難に出会うという第1物語のテーマは、第1主人公と、第1主人公の障害となる相手との対峙的な関係から成っている。

この対峙において、主人公と相手とは、互いが互いを作り出しているという「循環的な関係」にある（大山，2004，p.82）。たとえば、「何をやってもうまくいかなくて恋人にも振られてしまう」という主人公のイメージは、主人公に否定的なまなざしを向けてくる恋人のイメージとセットになっていて、互いが互いを強化しながら生み出している。これは、犬に追われて逃げる夢において、犬に追われるから不安になるのではなくて、不安があるから「追いかけてくる犬」というイメージや動きを作り出している（河合，2000）のと同じことである。主人公のイメージと、主人公が相手として向き合っている他者のイメージとは、ある困難イメージを構成している一対のものなのである。
　対象関係という考え方から理解しても同じことが言える。オグデン（1986，p.119）によれば、内在化された対象関係は、外的対象関係における「自己-成分」（自己に同一化した組織）と、「対象－成分」（対象に同一化した組織）から成る。自己－成分とは、その対象関係において、自分自身の思考と感情として体験している側面である。他方、対象－成分は、対象表象ときわめて強く同一化されているがゆえに、自分自身のではなくて対象の思考や感情として体験されているような側面、つまり、たとえば「対象は私のことをこんな風に思うだろう」といったように（本当は私が考えている思考内容なのに）対象が考えていることかのように体験される側面である。内的対象関係の「対象－成分」が他者に投影されるのが、一般的に転移と呼ばれてきたプロセスであり、逆に「自己－成分」が他者に投影される場合には、クライエント自身が対象関係で味わってきた体験が、他者の中に投げ込まれて体験される。オグデンの理解を踏まえると、自分の側のイメージと相手の側のイメージは、ある内的な関係性のイメージにおける表裏であり、相手の側のイメージは、ただ「自分ではない側」として他者表象の中に投げ入れられている成分であると考えられる。
　以上から、第2物語課題で主人公が対峙している相手視点を選ぶことは、ある困難イメージについて異なる側面から参入していくことを意味する。そして、他方、主人公と相手との対峙を外から眺める傍観者視点に立つという

ことは、その困難イメージの内側に留まらずに、その外に出て眺めているということになる。

この考察を踏まえると、解離傾向と傍観者視点の関連が示しているのは、解離とは、同じ困難イメージに対して別の視点から向き合おうとする際に、その困難イメージの外に出て関わるようなあり方と考えられるのではないだろうか。2001年に比べて2008年で傍観者視点の反応が多く見られたという第2章の結果は、入っていく角度を変えながらも同じ困難イメージの内側に留まり続け、葛藤を切り離さずに抱えるあり方が減ってきていることを示していると言えるだろう。

5. 総合考察

(1) 他者イメージの「内容」と「視点の位置」

本章の結果で興味深いのは、解離傾向の高低を左右するのが、主に第2人物の「視点の位置」であり、「関わりの態度」は不安との関連は顕著だが解離傾向とは目立った関連がなかったことである。解離傾向を、現代的な形で葛藤が深まりにくい者のあり方を示す一つの指標として捉えるならば、現代の心のあり方の特徴を見立てるために注目すべきは、第2人物の「関わりの態度」よりも「視点の位置」であると言えよう。

この二つの水準の区別について、もう少し具体的に考えてみたい。たとえば、あるクライエントが、威圧的な男性の上司に対して恐れを抱き、意見を言うことができないことに悩んでいて、「自分は何も言い返せないんです」と自分自身について否定的に語ったとしよう。このケースを、威圧的な男性イメージとの関係性がテーマになっていると捉えることができる。この威圧的な男性イメージがどのように変容するか、あるいは、威圧されるという関係性のイメージがどのように変容するかという観点で見ていくとき、我々は「威圧してくる」という他者イメージの「関わりの態度」に注目していることになる。

それに対して「視点の位置」への注目とは、「自分は何も言い返せないんです」と自分自身について否定的に語るのにともなって、「上司が自分を、何も言ってこない奴だと見下しているだろう」といった相手視点の他者イメージが動き出すのか、「意気地のない奴だとまわりに思われてるんじゃないか。上司に反抗したら、まわりに"あいつが?"と内心笑われてそう」という傍観者視点のイメージが動き出すのかを区別するということである。両者は、「関わりの態度」に注目する限り大差なく、いずれも「自分を馬鹿してくる」他者イメージが動いていると言えるし、「何も言えない」自分を恥じながらその状態を打破できない葛藤が生じていると解釈できる。「自分は何も言い返せない」という語りの内容を聞いている限りは、同様に自分自身に意識を向けて葛藤をしているように見えるであろう。しかし、同じような自意識および葛藤と見えるものでも、それが相手視点の他者イメージとの関係を背景として生じているのか、傍観者視点の他者イメージとの関係を背景として生じているのかによって、質的に異なる。その違いにこそ現代の意識の特徴があるのではないだろうか。

（2）表層的な自己関係による葛藤

　威圧的な男性の上司に対して恐れを抱くという関係性において、威圧されている「私」の側の視点も、威圧してくる相手の側の視点も、一つのイメージの表裏である。対峙している相手の側の視点として想像されているイメージは、写真のネガとポジのように「私」の片割れに相当する、内的な他者であり、そこにはおそらく「私」の成分としては所有しないでいる暴力性や権威性が重ねられている。したがって、「言い返せない自分」をめぐる葛藤の背後で、「上司が自分を、何も言ってこない奴だと見下しているだろう」といった相手視点の他者イメージが強く動いている場合、その葛藤は、第1章で述べたような、「内的な他者」としての自分との自己関係で生じていると言えるだろう。

　他方、威圧的な男性の上司に「言い返せない自分」をめぐる葛藤の背後で、

相手視点のイメージはほとんど動かないまま、「こんな自分は」という傍観者的な意識によって葛藤が生じているならば、その葛藤には「内的な他者」は関与していない。このような場合も、客観的に「私」を見る他者の視点が想像されており、自分とそれを見る自分との関係が生じている点では確かに、それは自意識であるし、「自己関係」的ではある。しかし、そのような傍観者的に外面的に自分を見る自分との関係には、「私」とその対としての「内的な他者」が互いに相反しながら図と地のように互いを作り出しているような緊張関係はない。

　TATに表現された第1主人公のイメージが「私」で第2人物のイメージに内的な他者が投影されていると単純に言えるわけではないが、第2物語課題で相手の視点を選び、ある視点と対峙する相手の視点との関係のイメージに留まろうとする態度は、「私」と「内的な他者」との対立を生きるあり方と関連が深いように思われる。本章の結果を踏まえると、現代で増えつつあるのは、内的な他者が関与しない、表層的な自己関係によって生じている葛藤や自意識、反省であると考えられる。語りの内容を聴く限り、確かに葛藤、自意識、反省である場合でも、内的な他者が関与している自己関係によって生じているものと、表層的な自己関係によって生じているものとでは、質的に異なり、それが心理療法の展開あるいは展開しにくさを左右している可能性があるのではないだろうか。実際の臨床事例については、第5章で取り上げるが、まずは次章で調査事例から、それぞれの葛藤の展開のプロセスについて検討したい。

第4章
他者イメージについて語ることが
もたらす動きの検討

1. 本章の目的

　前章では、困難状況をめぐって動き出す他者イメージの「視点の位置」に注目することによって、内的な他者の関与する自己関係的な葛藤と、外面的に「私」を見る意識とのあいだに生じる表層的な自己関係の葛藤とを区別した。これまでの検討と合わせて、現代の人々の葛藤は後者に近づきつつあると推察された。本章では、両者を比較しながら、その違いを別の角度から明らかにしたい。

　第1章で論じたことであるが、クライエントが困難に向き合う中で他者イメージが動き出すとき、そのイメージを語ってゆくことで心の奥の葛藤が顕在化し、心理療法の展開を促しうる。このプロセスにおいて、他者イメージを思い描き、語ることを通じてそのイメージに形を与え、イメージをさらに深めてゆくことが、クライエント自身の心に動きをもたらしていると考えられる。この、他者イメージを深めることによって生じてくる動きは、心理療法の展開を左右するものと考えられるが、その点において、相手視点の他者イメージの場合と、傍観者視点の他者イメージの場合ではどのように違うのかを本章では検討していく。それを明らかにすることで、現代における心理療法の深まりにくさを考える上での示唆を得るのが本章の目的である。

では、どのような点に注目して調査データを分析するかであるが、ロールシャッハテストでよく言われる継列分析を参考にしたい。継列分析とは、ある図版での一つ目の反応から次の反応への流れ、そしてある図版の反応から次の図版での反応への流れに注目して、刺激から受けたショックなどの内的反応に対する防衛や、そこからの立てなおし方といった心の動きを分析するものである。図版の枚数と提示順が決まっているロールシャッハテストと違って、TATではフルセットで実施されるとも限らないため、あまり取り上げられることはないが、異なる反応、異なる図版をまたいで被検査者の心の動きの流れが連続するということは、当然TATにおいても見られる現象である。

 本章の目的に照らし合わせて継列分析の観点を具体的に述べよう。まず、第1物語で調査協力者は、第1主人公の視点を中心として困難イメージを思い描き、語る。続いて、調査協力者はその困難に何らかの形で関わる第2人物の視点を想像して語るわけだが、このときに新たに別のイメージを付け加えつつ、第1物語で思い描いた困難イメージについて再度語ることになる。このときに、すでに第1物語で語った困難イメージは、いくらか変容を被っていると考えられる。たとえば、前章で挙げた例のように、親に言われた一言で傷ついて立ち直れない第1主人公のイメージを語ったあとで、「慰めて気持ちを支えてあげた」という第2人物のイメージを語るとき、「第1主人公が慰めを必要としていた」という文脈が加わったり、あるいは、元のイメージに含まれていた苦しさの程度が緩和されたりするように、である。このことは、臨床場面における語りで、「男性を探すために大学に来ている」他者のイメージを語ることによって、「男性が怖い」という困難のイメージに、新たな意味の奥行きが生まれてくるのと同様である。

 以上から本章では、第1物語と第2物語を合わせて4枚の図版での反応を取り上げ、第2人物のイメージを語ることによって、第1物語で語った困難イメージにどのような動きがもたらされるか、そして、それが次の図版の反応へとどのようにつながっていくかという点に注目して検討を行っていく。

「相手視点」の他者イメージを想像する傾向が顕著な者と、「傍観者視点」の他者イメージを想像する傾向が顕著な者の反応を取り上げて、個々の調査事例を丁寧に検討することで、その違いを明らかにしていきたい。

2. 調査の方法

(1) 調査協力者

第3章と同じ調査協力者のデータを分析対象とした (計94名、平均年齢20.8) であった。

(2) 図版の選択

第2章で述べたように、調査協力者の負担を考え、1枚の図版について二つの物語を作っても調査時間が1時間程度で終わるよう配慮し、4枚の図版を選んだ。図版の選択にあたっては、(1) 被検査者から意義ある表現を引き出しやすい臨床的に有用な図版であること、(2) 今回の調査協力者が、同一化のしやすい人物を描いた図版であることに留意した。(1) については、ハルトマン (1970) が日頃TATを用いている多くの臨床家についてのアンケートから、臨床的および人格理解に有用なデータを提供する図版を検討したデータを参考にし、本研究の目的にも照らし合わせて被検査者の葛藤のあり方がよく表れるような図版を選んだ。(2) についてであるが、被検査者のあり方が豊かに表れるような反応が得られるためには、図版の人物への同一化のしやすさが重要となってくる。そこで、青年期の学生が比較的スムーズに同一化しやすいであろう図版を選んだ。以上の観点から、図版1、2、3BM、13MFの4枚を選んだ。

まず、図版1 (バイオリンを前に少年がうつむいている) は、「自分がいま、正に直面している解決しなければならない課題を呼び起こさせ、この少年とバイオリンにそれを仮託して語らしめる」(坪内, 1984, p.31) と言われる。「誰もが幼き時代を通過してきているだけに同一視しやすい」人物が描かれ (山本,

1992, p.78)、反応の失敗が少ない点で導入図版として最適と考えられる。

　図版2（学生風の女性が前面に描かれ、農作業に携わる男女が後景に描かれている）は、家族関係を中心に「人間関係の葛藤の処理の仕方」（山本，1992, p.81）が出やすいとされる。この図版は、もともと1枚の絵をそのまま持ってきたものではなく、手前の若い女性と後景の農村の風景は合成されたもので、ちぐはぐな印象を与える上、三人の人物はそれぞれ別の方向を向いている。そのため、複数の異質な要素を関係づけることが要求されるという点でも、葛藤状況への対応の仕方が問われる図版でもある。また、前景に描かれた女性は、若い年齢で学生らしき風貌である点で今回の調査協力者にとって同一化しやすいと考えられる。

　図版3BM（一人の人物が背中を向けてうずくまっている）についてはすでに第2章で述べたように、被検査者の体験しやすい悩みや困難のイメージやそれへの関わり方が反映される図版である。

　図版13MF（手で顔を覆って立つ男性の後ろのベッドに裸の女性が横たわっている）は、ハルトマン（1970）の研究で、最も多くの臨床家が有用と判断した図版である。後景に描かれた女性は上半身裸であるため、この図版は性的な刺激の強度が大きく（坪内，1984）、さらに女性の腕がだらんと垂れ下がっているため、死や殺人といった攻撃性のテーマも賦活する（山本，1992；安香，1993）。それゆえ、性や攻撃性といった生々しく扱いづらい側面を含めた人間関係の葛藤のあり方を捉えることができると思われる。

　提示順は、導入図版として最適な図版1（山本，1992）を1枚目とした。続いて、急に図版13MFのように否定的な刺激価が強い図版を提示しても豊かな表現が出にくいと考え、否定的な側面の表現を促すが比較的反応しやすい図版3BMを2枚目とし、その次を図版13MFとした。そして、調査協力者が調査終了後に否定的な感情を残さないよう、中立的な雰囲気をもつ図版2を4枚目とした。

(3) 事例の選択

これまでの章で明らかになったことを踏まえ、困難状況をめぐって想像される他者イメージの視点の位置が「傍観者視点」であることが、心理療法の展開にどのように影響するのかを調べるためには、最も「相手視点」を想像する傾向が顕著な者と「傍観者視点」を想像する傾向が顕著な者を選んで、両者でイメージの展開がどのように異なるかを検討するのがよいと思われる。

そこで、調査協力者ごとに各図版の第2人物の視点の位置が「相手視点」である反応と「傍観者視点」である反応とに分類し、同じ型の反応が多く見られた調査協力者を事例として取り上げることにした。ただ、困難状況にある第1主人公に対する視点の位置を判定しようとするときに、絵が否定的ではないトーンをもつ図版2では「のんびりとしている」など悩みも困難も語られない第1物語が少なくなく、判定に困難が生じる反応が多かった。そこで、事例選択の基準としては図版2の反応は除いて、ほぼすべての反応で悩みや困難が語られる図版1、3BM、13MFの3枚の図版で第2物語の反応の型の傾向を判定して、集計した[*12][表4-1]。なお、第3章と同様の理由で、第1主人公が困難状況にあると認知されない反応や、第2人物の視点に立って語るという課題自体に失敗していると見なせる反応は、集計から除外してある。

3枚の図版において一度でもその型の反応を与えた調査協力者の人数を調べると、94人中、「相手視点」は80名、「傍観者視点」は63名であった。「相手視点」は約85％の調査協力者に見られる最もポピュラーな反応であったと言え、3枚の図版で一貫して「相手視点」の反応を与えた調査協力者は17名であった。「傍観者視点」の型もまた約67％ほどの調査協力者に見られたが、一貫して「傍観者視点」の型で反応した者はわずか7名であった。つまり、「傍観者視点」もまた、多くの人に少なくとも一回は見られる反応であるが、「相手視点」と「傍観者視点」の反応型が混在している人が多かったということになる。また、「相手視点」の第2人物を選択することがまったくない者は、

第4章　他者イメージについて語ることがもたらす動きの検討

[表4-1]　各調査協力者の反応の分類

調査協力者	相手	傍観者	調査協力者	相手	傍観者	調査協力者	相手	傍観者
m01	2	1	m33	2	1	f27	1	2
m02	3	0	m34	0	1	f28	0	3
m03	2	0	m35	1	0	f29	3	0
m04	2	1	m36	2	1	f30	2	1
m05	0	3	m37	1	2	f31	1	2
m06	1	1	m38	0	3	f32	1	2
m07	2	1	f01	3	0	f33	1	2
m08	2	0	f02	1	0	f34	1	1
m09	1	2	f03	2	1	f35	2	1
m10	0	0	f04	2	1	f36	2	1
m11	2	1	f05	0	3	f37	2	1
m12	1	2	f06	1	2	f38	3	0
事例A　m13	3	0	事例D　f07	0	3	f39	3	0
m14	2	1	f08	2	1	f40	1	2
m15	2	1	f09	3	0	f41	3	0
m16	2	0	f10	2	0	f42	1	2
m17	1	2	f11	1	2	f43	3	0
m18	0	0	f12	3	0	f44	3	0
m19	0	1	f13	2	1	事例B　f45	3	0
m20	1	1	f14	2	1	f46	1	2
m21	2	1	f15	1	2	f47	1	2
m22	1	0	f16	1	2	f48	1	2
m23	0	2	f17	1	2	事例C　f49	0	3
m24	0	0	f18	1	1	f50	1	2
m25	2	1	f19	1	2	f51	3	0
m26	2	1	f20	1	2	f52	1	2
m27	3	0	f21	3	0	f53	1	2
m28	2	1	f22	2	1	f54	2	0
m29	2	1	f23	3	0	f55	2	1
m30	0	1	f24	2	1	f56	2	1
m31	3	0	f25	2	1			
m32	0	3	f26	2	0			

かなり特殊であったと言えるだろう。

　次に、それぞれの型で多く反応した者のうち、どの調査協力者の反応を取り上げるかであるが、少数の事例の検討からそれぞれの型で反応する者の本

質的な特徴をつかむためには、①その型によく見られる典型的な様相を示す事例を取り上げて検討すること、②同じ型の中でも比較的異なる特徴をもつ事例を取り上げ、反応の幅を捉えつつ共通項を抽出することが必要と考えられる。そこで、第2物語に関してそれぞれの型によく見られる典型的な反応を与え、かつ、同じ型の中でも対比的な反応を与えた2名の事例を取り上げて共通項を検討していきたい。

まず、「相手視点」については、第2人物が第1主人公に対して相手としてはっきりと対峙していて、ある程度十分な長さの物語を語ったm13[*13]を調査事例Aとして取り上げる。それに対して、第1主人公に対して第3章の〈困難への無関心〉の態度が見られ、対峙的関係が潜在的になっている反応を与えたf45を調査事例Bとして取り上げる。

「傍観者視点」に関しては、第2人物が傍観者の立場でありながら第1主人公の悩みや困難に何らかの関与をしようとする反応が比較的多く見られた。そのような反応を一貫して与えたf49を調査事例Cとして取り上げる。それとは対照的に、傍観者の立場で第1主人公の悩みや困難に働きかけようとする意図もない反応を一貫して示したf07を調査事例Dとして取り上げる。

3. 調査事例A——はっきりと対峙する相手の視点を想像した事例

A（m13）は19歳の男性で、すべての第2物語で一貫して「相手視点」の反応を与え、第1主人公の悩みや困難に関して、第1主人公と対峙する相手の視点から語った調査協力者である。反応を［表4-2］に示す。表においては、各図版に対する第1物語を①、第2物語を②として略記する。

［表4-2］　調査事例Aの反応　［相手視点の事例］

図版1
〔1-①〕子どもが、父親の働く部屋に一人で行って、この物を手

にとってお父さんはこれで何をしているのかと考えている。わからなくなったところでお父さんが来てこういうものだと教える。

〔1-②〕父親は、表向きは普通の会社員なんですけど、実はちょっと悪いことをしている人で。いつも部屋で計画を練っているんですけど、その日は部屋に戻ってきたら、子どもが大切な商売道具の前で考えていて、父親はあわてて取り上げて触っちゃだめだよと諭している。

図版3BM

〔3BM-①〕この女性はお姑さんの介護をしてるんですよ。その介護と家事とに追われて疲れてしまって、ぐったりきているような感じ。このつらい生活が長く続くことを思うと、未来に対して絶望しているような、そんなイメージです。

〔3BM-②〕そのお姑さんは、今、余命がわずかなことをうすうす感じてるんですけど、前は息子の嫁であるこの女性を散々いじめてきたわけで、で、今寝たきりになっても介護をしてくれる嫁を見て、これから亡くなるときまでに、いじめたことを謝らなきゃなと思っている。

図版13MF

〔13MF-①〕この男の人と女の人は夫婦で、男の人はまじめにこつこつ働いてきたんですけど、この女の人の生活がだんだん乱れていって、結婚当初はちゃんと主人の帰りを待ってご飯とかも作っていたのに、今となっては酔いつぶれて寝ているような状態で、そこまで堕落してしまった妻の姿を見て、男の人はもう離婚しようと決めた、ところです。

〔13MF-②〕この妻は、ご主人のまじめな人柄にほれて結婚したんですけど、主人は仕事第一で自分のことをかまってくれなくて、

嫌気がさしてお酒に走るようになってしまって。で、男の人は離婚の話をもちかけるんですけど、そこで妻の方も不満を言って、主人は自分に非は無いと思ってたんですけど、それを聞いて、自分にも妻がこうなってしまった責任があるんだと知って離婚を取りやめた。

図版2
〔2-①〕この三人は家族で、この家は農家で、この娘は遠い大きな町の高校に通ってるんですけど、この両親は娘に結婚してこの農家を継いでもらいたいと思っていて、この子もはじめは当然のように自分が継ぐと考えてきたんですが、やっぱり大きい町の方が友達も多くできるし、農家に住むよりこのまま大きな町に進学して一人暮らしをしたいと考えている、お話です。
〔2-②〕この母親は都会で暮らしたいという娘の気持ちにうすうす感づいていて、父親は農家を継がせたいと思ってるんですけど、母親は父親を説得していて、で、最終的には両親も娘が都会に行きたいって言ったら送り出してやろうと決めていて、で、娘が進路を決めるときに希望を打ち明けて両親が許して、都会の大学に進学するっていう話です。

感想
（3BMについて）嫁と姑は仲が悪いイメージ。最後に仲直りする話にしたのは、世の中悪意だけの人間はいないと思うから。（13MFについて）初めの主人の話を考えているときには妻が堕落していったと考えていたけど、考えてみると、妻がこうなったのには理由があるんじゃないかと思って二つ目の話になった。

（1）役割と義務をめぐる葛藤

　まず第1物語からAの悩みの特徴を検討する。Aの語ったテーマは、相手との関係における「役割」や「義務」をめぐる葛藤が中心であった。まず、3BM-①では「お姑さんの介護」[*14]という状況を設定し、第1主人公は「介護と家事とに追われて疲れてしまって、ぐったりきて」「このつらい生活が長く続く」ことを思って「絶望」していると語った。「お姑さんの介護」と「家事」というイメージは、嫁であることや姑との関係において発生する役割や義務であり、それがかなりの圧迫感をもって第1主人公に降りかかっている。この物語においては、Aの義務感の強さが、第1主人公を取り巻く外界へと投影されていると理解できよう。

　13MF-①でも同様の葛藤が見られた。「まじめにこつこつ働いて」きた男性が妻に対して「結婚当初はちゃんと主人の帰りを待ってご飯とかも作っていたのに今となっては（中略）堕落してしまった」と失望するという物語では、妻たる者は、食事を用意して主人の帰宅を待つべきであるという考えが貫かれている。「もう離婚しようと決めた」という結末にも、義務を果たさないことに対する厳しさが見られる。ここでは3BMとは逆に、義務を果たさないことを糾弾する側に同一化しており、義務を課される立場が外界に投影されているが、描かれている葛藤の性質は3BMと同様である。

　2-①では、第1主人公は都会に出て行きたいと考えていて、それに対して両親は「結婚してこの農家を継いでもらいたいと思っていて」という物語が語られた。ここでは、親、家（家業）、土地といった主人公を囲うものが、主人公の個人的な意志に対立するものとしてイメージされている。共同体に包まれつつ、独立した意志をもつ個人として自立しようとするところで、共同体がしがらみ的に束縛するものとして現れてくるという近代意識に特徴的な葛藤が描かれていると言えるだろう。

　Aの語った人間関係が、子どもとお父さんの関係（1-①）、嫁と姑の関係（3BM-①）、夫婦の関係（13MF-①）、家族の関係（2-①）とすべて近しい人間関係であることから考えても、Aには、共同体的な人間関係における役割や義

務を重んじる気持ちと、それに束縛されたり反発したりする個人としての気持ちとのあいだの葛藤があると考えられる。その対立する二つの気持ちが、第1主人公の側と相手の側に分けて投影され、対立構造を成しているのが特徴である。

図版1は、「父親の働く部屋に一人で行って、この物を手にとってお父さんはこれで何をしているのかと考えている」という物語であり、まず、バイオリンが少年の所有物ではなく父の物と見なされ、そして、その所有物の背後に、未知の何かが見いだされている。このイメージは、Aの心的世界において、「私」や意識といった「内」の領域と、「私」や意識からは手の届かない、憧れと恐れをもって眺められるような「外」の領域とがはっきりとした境界をもっていることを示唆している。この物語のイメージは、困難や葛藤をテーマとしているわけではないが、Aの心的世界に「こちら側と向こう側」、「私」と「私ではない他」との対立構造がはっきりと備わっていることを示していよう。これは、他の物語において、「こうすべき」であることと「すべきではない」ことがはっきりと分かれていることとも対応している。「私」がどのようであって、どのようでないか、という線引きがはっきりしていることは、Aが確かに定まった「私」を有していることの反映とも言えるだろう。

(2) 他者イメージを深めることによる投影の解消

Aが想像した第2人物の視点は、父がしていることを知ろうとする第1主人公に対する父親（1-②）、姑の介護と家事で疲弊する第1主人公に対する姑（3BM-②）、妻に失望する第1主人公に対する妻（13MF-②）、親の意向に反して進学を考える第1主人公に対する親（2-②）といったように、第1物語で語られた悩みや困難において第1主人公と対峙している「相手」の視点であった。

では、このような相手の立場の第2人物の視点について想像を深めて語ることが、第1物語のイメージに対してどのような動きをもたらしていたのであろうか。

図版3BMでは姑の介護と家事に追われて疲れ果てている第1主人公の視点を語った後、3BM-②で姑の視点から、「寝たきりになっても介護してくれる嫁」を見て「散々いじめてきた」ことを反省し「謝らなきゃと思っている」と語った。第2物語で、姑が第1主人公の苦しさによく気づいていて感謝や罪悪感という気持ちを抱いているという文脈が展開されている。第1主人公に対して非常に厳しいものとして描かれていた外界のイメージはいくらか変容し、ただ容赦なく厳しいだけの一面的な存在ではなくなっている。第1物語の段階では、Aは役割や義務に苦しむ視点に同一化し、圧迫的な厳しいイメージを相手側に投影していたが、第2物語課題において改めて相手の視点に入って想像していくことを通じて、投影していたイメージの過酷さが緩和されていたと言えよう。そして、上から義務を押しつけられるイメージが緩和したということは、義務感をめぐる葛藤の強度の緩和を意味していると考えられる。

　また、13MFでは、妻の生活の乱れに失望して離婚を考える男性の視点を語った後、13MF-②で妻の視点に立って「主人は仕事第一で自分のことをかまってくれなくて、嫌気がさしてお酒に走るようになってしまって」と語り、最後には、「主人は自分に非はないと思ってたんですけど（中略）離婚をとりやめた」と二人の対立に収まりをつけた。第1物語の時点ではAは「まじめ」で義務を重んじる視点に同一化し、義務を果たせないあり方を相手側に投影して「堕落」と見なしていたが、13MF-②で妻の視点を深めて想像し、「かまってくれない」という不満を語ったことによって、第1物語の時点でのイメージに変容が生じている。ここでは、役割や義務を重視する視点から取りこぼされた、かまって欲しいという欲求を尊重する心の動きが起こり、それによって、義務を重んじる一方的な視点の偏りが見なおされている。同様に図版2でも、第2人物の視点にイメージに入って語っていくプロセスを通じて、束縛対自立の対立が緩和されていることが見てとれる。

　以上のように、Aにおいては義務感と、それに苦しみ自由を求める気持ちとの葛藤があり、その葛藤ゆえに、圧迫してくる過酷なイメージや、やるべ

きことをしていない堕落したイメージが他者の側に投影されている。その段階では、他者イメージは一面的でいくらか極端であるが、改めて、その他者のイメージを深めることで、その投影の一面性が見なおされて、葛藤の緊張が緩和されていると理解できよう。

4. 調査事例B――潜在的に対立する相手の視点を想像した事例

B (f45) は20歳の女性で、Aと同様、一貫して第1主人公の悩みや困難における相手の視点から第2物語を語った調査協力者である。Aと対比的であるのは、第2人物は第1主人公の困難の全体あるいは一部に対して「知らない」イメージとして描かれ、第2人物は第1主人公に対して「相手」として対峙しているようで、本当には向き合ってはいないような印象を与える反応が多い点である。反応を [表4-3] に示す。

[表4-3] 調査事例Bの反応 [相手視点の事例]

図版1
〔1-①〕この子は親に無理やりバイオリンを習わされていて、ずっと親の言うことをきいて頑張ってきたけど、今、なんで自分がバイオリンをやっているんだろうと悩んでいる。本当は外で遊びたかったけど友達関係も犠牲にしてきて、今、自分が孤独だって思ってすごく悩んでいる。
〔1-②〕この子の母親は音楽教師で、子どもに音楽を習わせたいと思って習わせてきて、この子は上手くもなったし母親はすごく満足していて、この子が悩んでいるのも、今も知らない。母親は母親で、家でやっているピアノ教室に忙しくて、この子のことはかまってない。見てないから全然気づいてない。

図版3BM

〔3BM-①〕この人が今仕事から帰ってきたら、お気に入りの花瓶を猫が割っていて、すごく悲しんでいるところ。その花瓶は、亡くなったおじいちゃんからもらった大事なもので、でもそんなものを猫と一緒にしてた自分が悪いし、自分を責めているところに見えます。

〔3BM-②〕死んじゃったおじいちゃんは、天国から見てて。この子は花瓶を大事にすると言ったのに、猫と一緒にしてたら、割れるに決まってるじゃないかって思ってて。怒ってはいなくて、死んだ身だから、良い方向に考える超越的な視点をもっていて。割ったときは悲しかったけど、今はここから学んで成長していってほしいなと思っている。

図版13MF

〔13MF-①〕この人（男性）は仕事から帰ってきたところで、きっと彼女がごはんを作って待ってくれてると思ってたのに、先に寝ていた上に自分の寝る場所もなくて、起こしてちょっと寄ってとかも言えなくて。期待してたことが裏切られて悲しいっていうのもあるんですけど、彼女もきっと疲れてるのに、期待してしまった自分も嫌で、自己嫌悪。……でも、気持ちよさそうに寝ているので、むしろははえましいかなと思って、ちょっと自分を責めたあとで、ごはんどうしようかなって考えてる。

〔13MF-②〕彼女の方は、働いてなくて、彼のお金で生活してて。今日も友達と1日遊んできて疲れて寝てる。今日楽しかったなぁとか思いながら。働こうとかいう気も全然なくて、今夢に出てきてるのはファッションのことばかりで、自分が誰のおかげで、そんなことをできているのかを、全然わかってない。で、能天気に寝てる。

図版2

〔2-①〕彼女（前景の女性）は、社会科の先生で、後ろの風景は、スライドなんですよ。今から説明するところなんですけど、小学生だから全然話を聞いてくれなくて、新しい若い先生だからって結構バカにされてて、それもわかってるから、注意してもきっと自分の授業を聞いてくれないだろうと思って、今、不機嫌な顔をしている。

〔2-②〕授業を聞いてる子ども（図版外）なんですけど、いろいろ思いついたことを先生に聞いてもらいたいのに、授業に関係ないことは言うなって先生が怒るから、もうちょっと聞いてくれてもいいのにって思ってて。だから、仕返しみたいな感じで、授業をちゃんと聞いてやらないことにしてる。でもやっぱり先生にかまってほしいとは思ってる。

感想

（3BM-①と13MF-①の）自己嫌悪の話は、自分がそう。猫が花瓶を割った話なら、私も自分を責めたと思うし、期待してた自分が悪かったっていう話も、私自身もそんな考え方。（13MF-②について）「本当はごはん作ろうとしたけど」という話にもできたんですけど、それよりも男の人の可哀想さを際立たせる話にしようと思って、女の人をひどい人にした。（図版2について）私は塾講師をしてるんですけど、子どもからしたらそう感じるなぁって思って、子どもの発言をちゃんと拾いつつ授業するよう気をつけてる。さっきの先生は駄目な例で、1-②の母親も、うちの親がそうで、私はずっと勉強させられてきた。

(1) 不満と自責をめぐる葛藤

　まず第1物語に注目すると、Bは、親に無理やりバイオリンを習わされている子どもの悩み（1-①）、一緒に暮らしている相手への不満（13MF-①）、話を聞いてくれない生徒への不満（2-①）など、比較的近い人間関係の悩みをテーマとしていた。特に人間関係の悩みで示唆的なのは、「お気に入りの花瓶を猫が割っていて、すごく悲しんでいる」という3BM-①である。最初の一節では、「割れた花瓶」が「お気に入りの」ものであったために悲しんでいるというイメージであるが、その後に、Bは「亡くなったおじいちゃんからもらった大事なもので」と花瓶のステータスを付け加えて「自分を責めている」ストーリーとして語っていった。ここでBは、花瓶に対して、わざわざ人間関係的な意味合いを付与し、それをおじいちゃんへの罪悪感の悩みにしていっている。この流れは、Bが人間関係のことで悩みやすいことを示唆しているとともに、そもそも人間関係の悩みが、意味づけによって人間関係の問題として捉えることで生じるものであることをよく示しているように思われる。

　さて、人間関係のテーマにおける第1主人公の関わり方には、かなり一貫した特徴が見られる。1-①は「ずっと親の言うことをきいて頑張ってきたけど、今、なんで自分がバイオリンをやっているんだろうと悩んでいる」というもので、第1主人公は親の意向に従ってきたことに対して「本当は外で遊びたかったけど」「友達関係も犠牲にしてきて」とはっきりとした不満があるが、ただ「すごく悩んでいる」と、悩みを内に抱え込んでいる。13MF-①は「彼女がごはんを作って待ってくれてると思ってたのに、先に寝ていた上に自分の寝る場所もなくて」というもので、第1主人公は相手が期待に応えてくれないことに不満をもちながらも、「起こしてちょっと寄ってとかも言えなくて（中略）彼女もきっと疲れてるのに、期待してしまった自分も嫌で」と、不満を言えないばかりか、相手を気遣って期待した自分自身を責めてすらいる。また、3BM-①でも第1主人公は「お気に入りの花瓶を猫が割ってい」たという状況で「猫と一緒にしてた自分が悪いし」と自責している。以上か

ら考えると、Bには、ある程度はっきりした不満をもちながらも、表に出すことの罪悪感からそれを内に抱え込む傾向があると推察される。それは、感想で「私自身もそんな考え方」と述べられたように、B自身がはっきりと自覚している、日常的なBの意識のあり方に近い関わり方であろう。

それと対応するように、他者の側に投影される性質にも一貫性がある。「彼女もきっと疲れてるのに」「気持ちよさそうに寝ているので」（13MF-①）という箇所や、現実生活で講師をする際に、子どもは話を聞いてほしいだろうと思い「子どもの発言をちゃんと拾いつつ授業するよう気をつけてる」（2-②についての感想）と述べたことから見ると、外界である相手の側には、我慢せずに自由にいるというあり方や話を聞いて欲しい気持ちが投影されていたと考えられる。欲求を表出することや気を遣わずに自由にいるということは、まさに気を遣い忍耐し、不満を抱え込むあり方において抑え込まれている欲求である。ここには、抑え込んでいる潜在的な欲求が外界に投影されて、「相手は我慢したくないだろう、話を聞いてほしいだろう」と気を遣うことになり、また欲求を抑えて内に抱え込むという循環的な構造がある。

以上のように、Bにおいては、欲求のままに振る舞いたかったり欲求や不満に気づいて欲しい気持ちと、相手に嫌な思いをさせたり遠慮させるような人にはなりたくないという気持ちとのあいだでの葛藤がテーマになっている。それを一貫して自責の方向で処理していることは、その分だけ、不満を表出し欲求のままに振る舞う関わり方に対する抑圧の強さを示していると考えられよう。

(2) 他者イメージを深めることによる投影の促進と葛藤の強まり

第2物語を語ることによるイメージの動きは、図版3BMに関してはAの場合と似ている。第1物語で、花瓶を猫に割られてしまった罪悪感のイメージが展開しているとき、祖父の側には責める視点が投影されている。第2物語では「この子は花瓶を大事にすると言ったのに、猫と一緒にしてたら、割れるに決まってるじゃないかって思ってて」と語りつつも、「怒ってはいな

くて、死んだ身だから、良い方向に考える超越的な視点をもっていて」「今はここから学んで成長していってほしいなと思っている」といった許容的なイメージへと変化していく。わざわざ「死んだ身だから、良い方向に考える超越的な視点をもっていて」などと語るところからは罪悪感を減じるために理屈をつけざるを得ない様子もうかがえるが、他者イメージを深めることによって、はじめの投影の一面性が見なおされて葛藤の緊張が緩和されている点は事例Aと同様である。

　事例Aと異なる点は、第2人物が第1主人公の困難の全体あるいは一部に対して「知らない」イメージとして描かれる物語に顕著に表れてくる。図版1でBは親の言うことをきいて欲求を犠牲にしてきた第1主人公の視点を語った後、1-②で母親の視点から「子どもに音楽を習わせたいと思って習わせてきて」「すごく満足していて、この子（第1主人公）が悩んでいるのも、今も知らない」「忙しくて、この子のことはかまってない。見てないから全然気づいていない」と語った。ここで、子どもの悩みをまったく気にかけずに自らの欲求を満足させているというイメージが語られることで、第1主人公が我慢してきたことの報われなさや孤独さ、親のひどさというニュアンスが強まっている。Bは第1物語の時点では我慢する側に同一化し、意向を押しつけてくるあり方を他者の側に投影していたが、第2物語を語ることによって、その投影はますます促進されているようである。

　このことは図版13MFでも同様で、仕事から帰ってきて彼女が寝ていたことに不満を感じつつも何も言えずに自責する第1主人公の視点を語った後、13MF-②で、第2人物がまったく第1主人公のことなど気遣わず「働こうとかいう気も全然なくて、今夢に出てきてるのはファッションのことばかりで、自分が誰のおかげで、そんなことをできているのかを、全然わかってない。で、能天気に寝てる」と語ることによって、女性のわがままさと「男の人の可哀想さを際立たせる」（13MF-②についての感想）ことになっていた。

　このようにBの場合、他者イメージを深めることによって、他者イメージに投影されていた性質はその特徴を強め、それに伴ってはじめに表現した苦

しさのイメージも際立っていっている。事例Aのように投影が解消されて葛藤の緊張が緩和するどころか、むしろ葛藤は強まっていっているのである。

　それに関連して興味深いのは、Bの葛藤に注目して4枚の図版の反応を継列的に追っていくと、そこに変化が見られることである。Aの語り口を見てみると、図版1では、（親は）「すごく満足していて」「全然気づいてない」というくらいであったのが、3枚目の図版13MFになると「自分が誰のおかげで、そんなことをできているのかを、全然わかってない」「能天気に寝ている」と、第2人物に対する否定的な感情が強く込められた言葉遣いになっているように思われる。このような第2物語を語ること自体が、気遣いをしてくれず自由気ままに振る舞う人に対する不満の間接的な表現なのであり、Bは少しずつその不満のニュアンスを強く表出するようになっていたように見える。

　そして、最後の2-①においては、第1主人公は生徒が授業を聞いてくれない状況で、「不機嫌な顔をしている」と、ここではじめて不満を表に出している人物のイメージを描いている。さらに、これまでの物語で繰り返されていたような、「自分の授業の仕方が悪い」といった自責も語られない。2-②では、ほとんど第1物語とテーマが重なっていて、「いろいろ思いついたことを先生に聞いてもらいたいのに（中略）先生が怒るから、もうちょっと聞いてくれてもいいのにって思ってて（中略）かまってほしいとは思ってる」と語られ、話を聞いて欲しい気持ちやそうしてもらえない不満が、子どものイメージに託して語られている。また、第2人物も、「（いつもかまってくれない先生に対して）仕返しみたいな感じで、授業をちゃんと聞いてやらない」と反抗的に不満を主張している。この「かまってくれない」という言葉は、1-②の子どもの気持ちに気づかない母親に対しても用いられており、さらにそのイメージについてBが「うちの親がそうで、私はずっと勉強させられてきた」と述べていることを考え合わせると、「かまってほしい」という思いは、Bが自身の親子関係において感じていた（が、おそらく抑え込んでいた）ものと見ることができるだろう。4枚の図版の反応を継列的に追っていくと、相手にわかってくれない不満や気づいて欲しい思いを間接的に物語に漂わせ、だん

だんとそのニュアンスを強めていき、最後に「聞いて欲しい」「構って欲しい」思いを相手に表出するイメージを描くに至ったのである。

　このような変化が生じたのは、他者イメージを深めることによって投影が促進され葛藤が強まることによって、不満を出さずに内に抱え込むという従来のあり方に揺らぎが生じたからではないだろうか。こちらは気を遣っているのに、ちっとも気にかけてくれない、そのような他者イメージを強めて語っていくことによって、不満を相手に知られたくない思いと気づいて欲しい思いの葛藤はますます強まり、それによって、不満を内に抱え込んだままでいるあり方は崩れていった。

　これは、第1章で紹介した河合隼雄の神経症の事例で抑圧している異性への接近欲求を他者に投影して「化粧をして男性を探すために大学に来ている」などと憤慨して語り続けることを通じて、クライエントの葛藤が解決されていったプロセスと類似している。田中（2007）によれば、罪悪感に苛まれる神経症者に罪悪感を抱く必要がないと説明しても、罪悪感を抱く自分に対してさらなる罪悪感を抱くようになるだけで、外側から提示される解決は神経症を肥え太らせるだけに終わってしまう。神経症の心理療法とは、神経症それ自体が主体的に内側から生み出す動きの中に入っていくことによって、「従来のあり方を改変することを迫られる」(p.66)ような「自己解体的」(p.64)なプロセスである必要があると述べている。事例Bに見られたプロセスは、まさに葛藤の中に深く入っていくことによって葛藤の内側からもたらされた解決と言えるだろう。これは、わずか1時間弱のTAT体験で起こったことに過ぎないし、それがBの人格に恒常的な変化をもたらしたとは考えにくいが、一方で、イニシャルドリームのように、わずかなイメージに心理療法のプロセスが集約して現れうることを考えれば、ここで見られたプロセスが、心理療法における神経症の自己解体的なプロセスの一端を示していると理解することも間違っていないように思われる。

5. 相手視点のイメージに裏打ちされた葛藤

　AとBの表現した困難のテーマは、人間関係における役割や義務をめぐる葛藤や、相手への気遣いによって生じる不満と罪悪感をめぐる葛藤など、近代意識に特徴的な人間関係的しがらみの悩みと言ってよいだろう。言い換えれば、このような悩みは、相手との関係をコンテクスト（背景）とした悩みである。つまり、単に花瓶が割れてしまって悲しいのではなくて、「亡くなった祖父からもらった大事なもの」というコンテクストが想像されるからこそ罪悪感が生じるし、ただ疲れているのではなくて「姑の介護と家事」というコンテクストを想像するからこそ、押しつぶされそうな不自由さの葛藤が生じる。これは逆も同じように言えて、罪悪感や葛藤があるからこそ、そのコンテクストを自ら想像的に生み出してしまうのである。

　ただ、AとBを比較すると、Aでは「失望してすぐに離婚を決める」(13MF-②)「両親は（中略）農家を継いでもらいたい」が「大きな町に進学して一人暮らしをしたいと考えている」(2-①)といったように、ほとんどためらいがなく、意志がぶれない。「離婚も考えたが、相手も疲れているだろうから仕方がないかな。でも、自分も疲れているんだけれど」と悶々と葛藤に苦しむわけでもなく、その都度の視点はすっきりしていて、やや一面的ですらある。役割意識や義務感で自らを縛ったりと、相手の視点をコンテクストとした葛藤を抱える素地はあるが、どちらにも動けない解消しがたい葛藤に苦しむタイプではないのかもしれない。

　それに対して、典型的な神経症らしさを備えているのはBであろう。Bのあり方は、「不満だけれど、相手も悪気があるわけではないし、そもそも自分が期待してしまったのが悪いから」といったように、不満があったりそれをわかって欲しい気持ちをめぐって葛藤しながら、その気持ちに自ら抗い、自らに対するごまかしを重ねていく。田中(2001, p.189)は、「その人が自らが自らに背いていることを知っているなら、その人はもう個性化している」というユングの言葉を引用しつつ、神経症の本体を「自己との不一致との不

一致」と述べている。真の葛藤を意識するのではなく、それに背いていこうとするイメージの流れが生じる点は、まさに神経症的と言えるだろう。Aのように相手の視点を深めることは元のイメージに対して対話的に機能しうるものであるが、それを避けて真に対話的な動きが起こるのを堰き止めようとするところに、神経症的な仕方で葛藤が生じるのだと考えられる。

他者のイメージを深めることによって起こる動きで、A・Bに共通していたのは、第1物語で語られた困難イメージそのものに動きがもたらされた点である。葛藤があっさりと緩和されるか、強まっていった末に葛藤を突き崩す動きが起こってくるかという違いはあるが、いずれも、相手視点の他者のイメージを深めることで、その葛藤の内側に参入して「内的な他者」と関わりをもつことにつながっていた。このようなタイプのクライエントであれば、困難について話し合う中で動き出した他者イメージについて心理療法の場で語り、そのイメージを深めていくことで、困難の背後にある内的な葛藤の変容につながっていく可能性があると考えられる。

6. 調査事例C──外側から関与する傍観者の視点を想像した事例

C（f49）は22歳女性である。すべての第2物語で一貫して「傍観者視点」の反応を与えた調査協力者である。後述するDの事例と比較すると、第2人物が傍観者の立場でありながら第1主人公の悩みや困難に何らかの形で関与しようとする物語が多いのが特徴である。反応を［表4-4］に示す。

［表4-4］　調査事例Cの反応　［傍観者視点の事例］

図版1
［1-①］この少年はこれを壊してしまって……お父さんやお母さんに見つからないよう戻すにはどうしようって考えて……で、やっぱり無理って思って謝る。

〔1-②〕この子のおじいちゃんが部屋のドアの隙間から見てて、孫が物を壊して、可哀想だなーって思って、なんとか助けてあげようと思うんだけど、ここで手を出したらこの子のためにならないからと思ってグッと我慢して立ち去る。

図版3BM
〔3BM-①〕この人は、なんとなく今日が終わるのが悲しくなって。今日が終わって明日にいくことが悲しくなって……それはどうしようもないことだから、泣いているんじゃないかと思います。〈今日が終わって明日になるっていうのが悲しい？〉うーん……なんでやろう？　……なんか今日やり残したことがあるのに、時間は過ぎてしまったりとか……もう今日が絶望的に嫌だったのに、また明日同じ24時間あることがすごい嫌、なのかなって。
〔3BM-②〕親は、この人が毎日こうやって、1日が終わることを悲しんでることを理解できなくて、親も悩んで苦しんでて、最初のうちは、どうしたの？って声かけていたけど、だんだんあきれてものも言えなくなっている感じですかね。…………この人（第1主人公）はすごく一人。まわりの人が冷たく見てる感じ。

図版13MF
〔13MF-①〕この男の人は、あんまりこの女の人が好きじゃないのに、関係をもってしまって、起きたときに、なんてことをしてしまったんだろうってすごい後悔しているように見えます。…………ここは男の人の部屋で、男の人が連れ込んだわけじゃなく女の人が押しかけたんだけど、でもやっぱり自分を責めてる感じが。
〔13MF-②〕この男の人の友達が来て、この男の人がその人に話して、で、その友達は、本当は何やってんだよって言いたいけど、あまりにもこの男の人が落ち込んでるから、しょうがないよと慰

めて、この男の人と女の人がトラブルになったら仲裁するんじゃないかなと。

図版2

〔2-①〕この女の人が本を読んで、こっち（後景）は本の中の世界で……この向こう側の世界を見て、悲しい気分になってる。……この女の人の住んでる所にこういう畑とか粗末な家はなくて、本を読んでいたらその世界に入ってしまって、文章で読んでいるのと実際に目にするのとでは違って、目を背けたくなって違う方向を向いている。……自分とはかけ離れてることだから、どこか知らない所に自分ほど豊かじゃない人が暮らしているのを、文章でわかって想像してたんだけど、身近に感じていなかった。私たちが戦争の本を読んで何があったかはわかるけれど、タイムスリップできたり違う国に行ってその場所を見たりしたら、そういう風になるかなっていう。

〔2-②〕こっち（後景、右側）から騎馬隊みたいのが来て……隊長が、この土地を搾取したいけど、この女の人（後景）と男の人が頑固だから、なんとか今日こそ説得して自分の領土にしたいと思って、意気込んでやってくる…………で、結局土地はとれなくて帰ってくる……こっち側（後景の奥）は湖で、ここから敵が攻めてきたら困るから、城塞を作りたい。できればこの男の人も軍隊に入れたいから穏やかに交渉してるけど、もし敵がすぐ攻めてくるって情報が入ったら、権力で無理やりぶんどって、その軍隊の土地にすると思う。

感想

（図版1、3BM、13MFの第2物語について）家族・友だちとか身近な人ばっかりになって、そうするとどうしても味方的な感じになるが、世の中そうじゃないから最後の（図版2）は違うのにしたいなと思っ

た。話がうまくいく方向ばっかりになっていくのが嫌で。最後のだけ、意識的に人を出してきた。

(1) はっきりしたコンテクストのない罪悪感

図版1と図版13MFでは、人間関係における振る舞いに対して生じる罪悪感がテーマとなっている。このことは、罪悪感という形をとった悩みがCに体験されうることを示しているが、細かく物語を検討していくと、Bがテーマとして語ったような罪悪感や自己嫌悪とは大きく違っていることが見えてくる。

まず、図版1の物語で言えば、1-①は、第1主人公が物を壊してしまい、両親に見つからないようにしたいと考えるが、最終的には謝るという話である。若干ではあるが、罪悪感というよりも、責められる不安というニュアンスの方が強いようでもある。バイオリンを壊してしまったとする反応はよく見られる反応の一つである。ここで、Cの物語を検討する前に、いくつかの典型例について確認しておきたい。鈴木（1997）によれば、「父親のバイオリンを勝手にいじっていて壊してしまって、父親に叱られると思って悩んでいる」（p.54）というのが典型で、そこには、父に対する劣等コンプレックスや父親殺しをめぐる葛藤の存在を推測できるという（鈴木, 1997）。この場合、バイオリンは、「自分は所有することが許されていない父親の所有物」という意味をもっており、単なる物体ではなくて、父親の関係を象徴的に表すものとなっているのである。また、他に鈴木が挙げている「いやいや弾いていたら弦が切れた」「発表会を控えて練習しているときに壊してしまった」という反応でも、バイオリンはたとえば「強要された課題」「評価される舞台に立つこと」への取り組みを象徴的に表している。「壊す」というイメージの展開は、それらの課題への取り組みをめぐる抵抗や葛藤の存在を示唆していると考えられる。

これらの例と比べて、Cの反応を見ると、「少年はこれを壊してしまって

（中略）謝る」と語られただけで、少年が何をしようとしていたのか、少年にとってバイオリンがどのような存在なのか、少年がどのような親子関係の中でバイオリンを壊したのかといった、「壊した」行為の背景となるコンテクストがない。「コンテクストが意味を規定している」「コンテクストを参照しないと意味を決定することはできない」と川嵜（2007，p.158）が述べる通り、コンテクストは行為の意味合いをはっきりと浮かび上がらせるものである。たとえば、「親にずっとバイオリンを習わされてきて」というコンテクストがあれば、バイオリンを壊してしまったことは親に対する抵抗や攻撃性という意味をもちうるし、「弟だけが習っているバイオリン」というコンテクストがあればバイオリンは兄弟間葛藤を象徴することになろう。Cの物語の特徴は、「壊してしまった」という行為に、コンテクストがないために、その象徴的な意味を読み取ることが難しい点である。「壊した」行為の、意味が定まらないままになっているとも言えるだろう。そして、そのまま、Cのイメージは「お父さんやお母さんに見つからないよう戻すにはどうしようって考えて……」と、ただ「いけないことをしてしまったから怒られるのではないか」という不安にだけ焦点づけられていく。

　同様のことは、13MF-①にも見られる。物語は第1主人公が「好きじゃないのに、関係をもってしまって（中略）なんてことをしてしまったんだろうってすごい後悔している」というものである。ここでも罪悪感と反省がテーマとなっているが、そのコンテクストはほとんど想像されない。「好きじゃないのに」という箇所が、関係をもってしまったことのコンテクストになっているとも言えるが、人間関係的なテーマであることを考えると、相手との関係性に関連したコンテクストが想像されてもおかしくないはずである。たとえば、「ただの友人として付き合ってきた」「相手は自分のことをとても好きだけれど、自分はそれほどでもなくて」といったコンテクストがあれば、「関係をもったことで、これまでの良い関係を崩してしまった」とか「相手の気持ちを利用してしまった」など、罪悪感の内に含まれる意味合いがはっきりするはずであるが、それがCの物語では見られない。続く、「男の人が連れ

込んだわけじゃなく女の人が押しかけたんだけど、でもやっぱり自分を責めてる」という語りには、悪いことをしてしまったのか、なんとか責任を免れられないかという揺れが表れており、1-①と同様、罪悪感の意味が定まらないままに、いけないことをしてしまったのかどうかという不安に、関心が向けられていく。

　このようにCの物語では、人間関係の悩みが描かれ、そこで罪悪感や反省がテーマとなっていることだけを見れば、神経症的にも思える。しかし、その内実は、コンテクストが想像されないために、行為の意味合いも罪悪感の内容も定まらずにぼんやりとしている。そもそも神経症的な罪悪感は、「こうあるのが善い（悪い）と思う」のに、「今はそれに反した状態である」という2項のギャップから生じるもので、前者がなくて「今はこういう状態」だけであったり、逆に「こうあるべき」単体では、葛藤も罪悪感も生じない。繰り返しになるが、対立した2項のうちの一方が他方のコンテクストとなるからこそ、葛藤や罪悪感が生じるし、逆に葛藤や罪悪感があって、コンテクストが想像される。Cのように、「悪いことをしてしまった」という体験だけがあって、その内容やコンテクストが想像されないことは、罪悪感や反省を生み出す2項対立の葛藤がはっきりとイメージされないということを意味していると考えられよう。

　このような罪悪感は、中身の伴わない形だけの表面的な罪悪感であって本当には何が悪いかわかっていない反省のようにも見えるかもしれない。実際に口先で罪悪感を訴える者もいるであろう。ただ、Cの場合は、TAT図版に他のテーマを見いだしてもいいところで、繰り返し罪悪感のテーマとして解釈をしている点から考えると、やはり、起こった出来事を「自分はいけないことをしてしまった」という解釈で体験しやすい人である可能性は高い。そうすると、自身の心の内で何がどうなって罪悪感が生じているのかをはっきりと定めて捉えることが難しいか、くわしくは考えない（考えられない）ままに、ただ「いけないことをしてしまった」という意味だけが体験されるというあり方として考えられるのではないだろうか。それは、コンテクストが

あって物語的な筋をもった形で体験されないぶん、明確な意味をもって心に収まることの難しい罪悪感と考えられよう。

(2) 困難イメージを深めることの難しさ

次に、前節で述べたような、罪悪感が、第2人物のイメージを語ることによってどのように展開しているのかを検討したい。Cが選んだ第2人物の視点の位置は、第1主人公の悩みや困難に関する傍観者の視点であった。

図版1と図版13MFの第1物語はどちらも、第1主人公を責めるかもしれない相手の存在が想定されていた。にもかかわらず、Cは傍観者の視点を想像して語ったことになる。

第2人物はそれぞれ第1主人公にとっての家族や友人など近しい人物であり、傍観者の立場から第1主人公を支えようとするイメージが展開することが多かった。バイオリンを壊して困っている少年を見て「可哀想だなーって思って、なんとか助けてあげようと」思うが「手を出したらこの子のためにならないからと思って」我慢する祖父(1-②)というイメージには、葛藤が見られる。この葛藤を第1主人公を中心として読み替えるならば、誰かに助けてもらいたいが自分で解決すべきではないかという葛藤である。ただ、ここでの葛藤は、第1物語のテーマにおいて第1主人公が体験していた悩みとは別物として考えられるようなものである。第1物語は「親子関係」と「バイオリン」の背後に広がるコンテクストがないため悩みのテーマがはっきりしないが、少なくとも助けを求めることに関する罪悪感ではなかった。第3章で紹介した例に、他者の視点(相手の視点)を描くことで第1物語の困難が明確になっていった例を挙げたが、このCのような他者イメージは、元の困難イメージが深まって明確になるようには機能していない。

3BM-②にも同様のことが言える。今日が終わるのが悲しくなって泣いている第1主人公に対して親の視点から「理解できなくて、親も悩んで苦しんでて、最初のうちは、どうしたの?って声かけていたけど」「あきれてものも言えなくなっている」と語られた。このようなイメージを語ることによって、

「理解しようとしてくれる他者がいる」という感じとともに、そうしてくれる身近な他者にも理解されないという孤独感が、物語として生まれている。しかし、それは前述したBの反応のように、元の困難イメージが深まり葛藤が強まっていくのと違って、「今日が終わるのが悲しい」のイメージに、別の文脈の孤独感が重なっているのである。

　以上の検討から考えられるのは、Cが悩みを深めることの難しさである。自分自身の出会っている困難や悩みについて、別の視点から考えることはできるし、その際に様々な感情が動くであろうが、それは、メインの心理的なテーマのイメージに動きをもたらすものではないのである。

　では、どんな解決があるのだろうか。13MFでは、Cは、外の視点として、「何やってんだ」と思いつつも、「しょうがないよと慰めて」「トラブルになったら仲裁する」視点を想像した。このイメージによって、いくらか事態に収まりがつく雰囲気になり、第1物語で語られた不安や罪悪感のインパクトが弱まっている。これは、Cが、自分自身の失敗に対して、「しょうがない」という視点をもちうることを示唆している。それは、外からカバーをかけるように不安や罪悪感を減じる仕方である。それは、確かに解決ではあるのだが、困難の背景にある葛藤に気づき、そのまた奥にある、より深い水準での葛藤にたどり着いて、といった方向性とはまるで異なると考えられる。

（3）生きることのリアリティをめぐる悩み
　Cの第1物語では、人間関係のテーマ以外に、特徴的なテーマが見られた。3BM-①では「なんとなく今日が終わるのが悲しくなって。今日が終わって明日にいくことが悲しくなって……それはどうしようもないことだから、泣いている」と語った。筆者の問いを受けてCは「今日やり残したことがあるのに、時間は過ぎてしまったりとか」「今日が絶望的に嫌だったのに、また明日同じ24時間あることがすごい嫌、なのかな」と二つの説明を加えたが、前者は今日の名残を惜しんでいるという説明であり、後者は明日が来ることが嫌という説明であり、言葉通りに受け取ろうとするとやや矛盾が見られ

る。これは、筋をもったストーリーの形式ではうまく言い表せない、漠然とした悩みをテーマとしているためであろう。Cの物語でテーマとなっている「時間」は、たとえば明日は試験の日なのに十分に勉強ができていなくて「今日が終わって欲しくない」「時間がない。もっと時間が欲しい」といった、時計で計測できるような具体的に対象化できる時間、すなわち、「三人称的なリアリティとして公共的に表象される時間」（木村，2005，p.59）ではない。このテーマで問題になっているのは、自分自身が今ここにいることが即ち時間であるような「生きられる時間」（Minkowski, 1933）であり、木村（2005，p.60）が「『いま』とは、あるいは、『いま』に凝縮されている時間とは、実は『私』の別名以外のなにものでもない」と述べるような時間に相当している。それは生きていることとほとんどイコールなのだから、日常的に多くの人は意識することがないのだが、このような「時間」が問題になるということは、今生きていることの実感が希薄になり、自分の生を取り巻く時間・世界との噛み合わせが悪くなっているときである。これは、人間関係の葛藤といった悩み以前に、自分とこの世界との接触の次元の問題が悩みになっていると言えよう。

　もう一つ、人間関係以外の悩みをテーマとしていたのが図版2である。2-①ではCは後景を本の中の世界と設定し、「本を読んでいたらその世界に入ってしまって」、「豊かじゃない人が暮らしている」世界を見て、「文章で読んでいるのと実際に目にするのとでは違って、目を背けたくなって違う方向を向いている」「文章でわかって想像してたんだけど、身近に感じていなかった」と語り、それを自分たちが実際に戦争の起こっている場所を目にしたときの感覚にたとえた。身近に感じることを避けたくなるものとして捉えられているのは、戦争を連想させるような「粗末な」「豊かじゃない」生活であり、日々生きるということが死や殺害と常に隣り合わせにある世界である。一方でそれは、食糧を確保したり身を守ったりして死に逆らいながら苦労して日々主体的に営むものとして「生」がある世界でもある。Cはそれを「木の世界」として、メディアや言語によって間接化された、実感から遠い

ものとして描いている。死と隣り合わせのものとして、そしてそれゆえに、「生きること」「生きていること」が実感されるようなことは、物質的に豊かになり、命をコントロールする技術も発展してきた現代社会において希薄になっているものであろう。Cの物語のテーマには、このような現代の時代精神が少なからず反映されているように思われる。

　前景と背景を別々の世界として捉える反応は、離人体験をもつ人に圧倒的に多く表れる(坪内，1984，p.42)とされ、確かにCの物語はリアリティをもった生の実感からの隔たりをテーマとしている。ただ、Cの場合は、物語とし̇てヴァーチャルなものとリアルなものとの差異について語り、リアルなものからの隔たりを「困り事」として異化している。「目を背けたくなる」ようなものであるとしても、死や殺害を背景にもつリアルな生になんとか実感を伴って触れる必然性を、Cは心のどこかで感じていたように思われる。この点については後述するが、ともかく、Cが図版3BMと図版2で語ったテーマは、神経症的な葛藤としては体験されえない、「葛藤にならない問題」(田熊，2006，p.60)という表現がふさわしいテーマと言えるだろう。

(4) 別次元の異質なイメージに触れること

　図版2では、他の第2物語とは異なる特徴的な反応が見られる。この図版2では、前景と後景の「異質性ないし対照性」を処理することが求められる(鈴木，1997，p.64)。Cは、前景と後景をそれぞれ現実の世界と本の中の架空の世界として認知している。ここで、前景の世界にとって後景の世界は確かに「異質」なものではあるのだが、両者はまったく別次元の世界として切り離されている。このように、異質なものを分離した別々のこととして捉えるという仕方で、Cは前景と後景の「異質性ないし対照性」を処理したと言えるだろう。この特徴ゆえに、騎馬隊の隊長の視点を中心とした第2物語のイメージを語っても、それはただ別の物語をもう一つ作っただけのようになっていて、第1物語で語られた困難イメージに、調査事例AやBのような動きはもたらされない。たとえば、同じ図版2の反応でも、ある女性の調査協力

者（第6章で後述、[表6-5] 参照）は、「これから社会で働く生き方を選んでいく」第1主人公について語った後に、「子どもを産み夫と暮らすことに幸せを感じる」第2人物の視点を語った。このような場合、第2人物のイメージは一つ目の視点の特徴を際立たせている。つまり、他者イメージを深めることによって、それがもともとのイメージにもリフレクトされて、はね返ってくるのである。それは、第2人物のイメージが、ただ「異質」なだけではなく同じ地平にあって、互いが互いのコンテクストになるような「関係」があるためである。Cの反応においては、この「関係」がなく、切り離された別々のものとして並列しているために、異質な他者イメージを深めることが、元の困難イメージにリフレクトされないのだと考えられる。他者イメージについて語り、そのイメージを深めていこうとしても、それがクライエントの「私」と関係をもたない別次元のイメージであるならば、それは葛藤が深まるような展開も、「私」を新たな角度から見つめなおすような内省も起こりにくいということが推測されよう。

(5) 表層的な世界から抜け出そうとする動き

では、そのように別次元のイメージを語ることは、心理療法的に見て意味がないのであろうか。Cは、2 ②について興味深い感想を述べている。「話がうまくいく方向ばっかりになっていくのが嫌で。最後のだけ、意識的に人を出してきた」という。筆者が不思議に思うのは、図版1、3BM、13MFと、第1主人公に対してストレスを与えてくるかもしれない相手の視点に立つことを選べずに、第1主人公を助けてあげようとする人物の視点をイメージすることをCは選んできた。そのパターンで言えば、「第1主人公が本の中の世界を見て、悲しい気分になっている」のを見た家族や友人などを導入して、「どうしたのって声をかけてあげる。気づかせて日常に戻してあげる」といった反応もありえたであろう。それをわざわざ、「違うのにしたい」と思って、「意識的に人を出して」まで、「目を背けたくなる」（2-①）ようなイメージの中に入っていったのは不思議に思える。

2-②に描かれているイメージは、土地を搾取しようとする騎馬隊と、土地を守りたい住人との対立である。そして、騎馬隊は、湖の向こうから敵が攻めてくるかもしれない敵に備えるためであり、騎馬隊と外敵のあいだにも対立が見られる。この物語が描こうとしているのは、住人と騎馬隊の関係においても、騎馬隊と外敵の関係においても、常に侵入者という異質な存在と隣り合わせにあるというイメージである。ここで、「できればこの男の人も軍隊に入れたいから穏やかに交渉してるけど、もし敵がすぐ攻めてくるって情報が入ったら、権力で無理やりぶんどって、その軍隊の土地にすると思う」といった、敵から身を守るために相手を否定したり、自分の都合を無理矢理にでも通したりするような、生きるための汚さと言うべきイメージが描かれている。これまでの図版で、人から怒られることにびくびくしていたり、ただ今日が終わることを悲しんでいたりと、常に世界に対して受動的なイメージしか描かれなかったことを思うと、これは非常に珍しいことである。このイメージにこそ、Cの変容の可能性が含まれているように思える。
　外敵や侵入者のような対峙的な他者との境界面あるいは接点においてこそ、自分自身を守ろうとしたり個人的な都合のために相手を否定するといった主体性は生じてくる。これは、自分自身がいつ死ぬかもしれないという可能性や、自分が生きるために他の存在を犠牲にしたり誰かから何かを奪ったりしているという、「死」や「殺害」を背景としてこそ、主体的な「生」が可能になることにも通じる。このように、対立する異なるものが裏に張り合わされているという構造が内的に維持されにくいと、はっきりとした葛藤をもたないコンテクストのないぼんやりとした罪悪感や不全感、そして世界との接触の次元での困難が表れるのではないかと思われる。そして、Cが3枚の図版についてイメージを表現しながら、(第2人物が第1主人公に対して)「どうしても味方的な感じになる」ことに違和感を抱き、「世の中そうじゃないから最後の(図版2)は違うのにしたいなと思った」と上記のようなイメージを表現したことは、異なる存在との対峙にコミットすることにこそ、Cにとっての「癒し」があることを示しているように筆者には思える。

Cの反応を継列的に見たとき、最初の3枚の図版の第2物語は、困難イメージの深みに入っていかない、世界に影も悪もないような「表面的な」反応であったが、それを調査者という他者を前にして語り続けたことは、Cが自分自身のパターンに違和感を抱くために必要なプロセスであったのかもしれない。たとえ深まっていかない語りであっても、それが他者の場で語られることで、それまでのあり方を崩すような治療的な動きが生じてくる場合があることを、この調査事例は示唆しているように思われる。

7. 調査事例D——傍観する視点を想像した事例

　D（f07）は19歳の女性である。すべての図版で一貫して、傍観者の視点の位置の第2人物を選んだ調査協力者である。前述したCとは違って、第1主人公の困難に対して関与する姿勢がほとんどない第2人物のイメージを描くことが多かったのが特徴である。反応を［表4-5］に示す。

［表4-5］　調査事例Dの反応　［傍観者視点の事例］

図版1

〔1-①〕この子は音楽が好きだけど家に余裕もなくて、すごく楽器が欲しかったんです。で、ある日、道端に弾いている人がいて、その人が他のところを見ているあいだに持ってきてしまったんです。で、目の前に置いて、欲しいものは手に入れたけれど、僕は弾いてもいいのかなとずっと考えて、で、考えた結果、ちゃんと返しにいって、そのときにその人と仲良くなって弾かせてもらうようになったりとかして、で、音楽の人生を歩むという。

〔1-②〕じゃあ、少年がこれを盗んだ大道芸人さんのお話で。その人は小さい頃から世界中を回っている人で、仲間はこの楽器だけみたいな感じで。それでここで少年と会って、以後はちょっと

ここに落ち着くんだけど、しばらくしてやっぱり旅立とうということで、少年と別れてまた旅を続ける。大事な思い出だけど少年との出会いも人生の中の1ページみたいな感じで[*15]。

図版3BM

〔3BM-①〕この人は『風とともに去りぬ』のスカーレット・オハラのように強い女性で、自分に何か守りたいものをもって強く生きてきたんですけど、そういう風に生きてきたら、いろいろ人生ぶつかるわけで、このときは何かの人生の不幸というか、たとえば恋人と別れるとか、なにか大切なものを失ったとか、それで今絶望している。でも、彼女は強い女性なので逆境にもめげずに立ちなおって、また自分の守りたいものをもって強く生きていく。

〔3BM-②〕この人には、女の子の子どもがいて、で、その子についての話なんですけど、その子は母親の姿というのを、結構冷静に見つめていて、世の中の矛盾に対してクールな目をもつようになって、母親から学んで母親とはまた違った人生を自分で歩んでいく。

図版13MF

〔13MF-①〕この男性と女性は、身分違いというか、男性の方は社会的地位が高いんですけど、女性の方は普通の人で。それでも、出会ったときに恋をしてしまって、愛し合ってきたんですけど、男性の方にふさわしい人とか、どうしても離れなければならない仕事とかが生じて、この人は女性と別れなければならないことをつらく悲しく思っている。けど、女性はこのことを何も知らない。で、この後男性は何も告げずに去っていくという感じですかね。

〔13MF-②〕この女性が飼っている猫を主人公に。猫は二人の出会いから終わりまでを全部ちゃんと見ていて、かつ猫ですからあ

まり主観的にならず冷静に見ているというか。猫の目から見た1枚の物語のスライド。さっきの物語は男性側からの物語で、猫はそのまま生き続けてまたいろんなものを見ていくというお話。

図版2
〔2-①〕この女性（前景）はのどかな地方に育ってきました。視線の先には無邪気に遊びまわる子どもたちがいて（図版外）。彼女も昔はそんな感じだったんですけど、今はこの地には珍しく勉学に励む女性になって、過ぎ去った昔の自分を子どもの姿に重ねて懐かしく思っている。以後、彼女は、この地方を出て大学へと進み、いろんな人やものと出会って人生を歩んでいくというお話。
〔2-②〕もう一つの主人公は、この人が見つめている子どもたちの中の少年で、この少年は冒険が大好きで、少年を主人公とした冒険というか、彼らが体験するいろんなこと、森に行ったりとか、トムソーヤのような？少年のお話ですかね。

（1）自己完結的な葛藤および内省

Dの表現した困難イメージでは、「少年が大道芸人からバイオリンを盗む」（1-①）「恋人との別れのつらさ」（13MF-①）など人間関係のものや、「育った地方の山立」（2-①）という土地あるいは家との関係を思わせるテーマが描かれている。しかし、物語の内容を見ると、AやBのような人間関係のしがらみがテーマではないことは明らかである。まず、1-①は、家に余裕がなくて楽器を買ってもらえなかった少年が道端の大道芸人から楽器を盗ってきたという話である。「目の前に置いて、欲しいものは手に入れたけれど、僕は弾いてもいいのかなとずっと考えて、で、考えた結果、ちゃんと返しにいって」という箇所においては、確かに自身の行為の反省や、欲求をめぐる葛藤が語られている。ただ、不思議なのは、相手であるはずの「大道芸人」の存

在感が非常に薄いことである。そもそも一般的に図版1で少年のほかに導入される人物は、ほとんどが「親」である。他に「兄弟」や「友人」の場合もあるが、「大道芸人」ほど人間関係から縁遠い人物が導入されることは少ない。たまたま道端で遭遇し、やがてはその土地を去っていくような、名も知らぬ、知る必要すらないような人物は、主人公にとってパーソナルな意味をもたない存在である。したがって、反省や葛藤は語られるものの、それは相手に対してどのような行為をしてしまったのか、相手はとても困っているのではないかといったように、バイオリンの所有者との個人的な関係性をめぐって生じているわけではなさそうである。「音楽が好きだけど家に余裕もなくて、すごく楽器が欲しかった」と「家」に言及されるが、盗みを処罰する親の視点が想像されるわけでもなく、盗みの行為が親との関係性をコンテクストとしているようでもない。つまり、Dのイメージにおける「欲しいものは手に入れたけれど、僕は弾いてもいいのかなとずっと考えて」という葛藤は、自分で自分を見つめて「どうすべきか」と考えるような、自己完結的な自問自答であり、その葛藤の中に「相手」という他者の存在は介在していないのである。

　同様の特徴は、図版2の反応にも見られる。2-①は、育ってきた地方では珍しく勉学に励む女性になった第1主人公が「無邪気に遊びまわる子どもたち」を見て「過ぎ去った昔の自分を（図版には描かれていない）子どもの姿に重ねて懐かしく思っている」という話で、「彼女は、この地方を出て大学へ進み、いろんな人やものと出会って人生を歩んでいく」と結ばれた。図版2では「農村・農業と都会・学問との対立」がテーマとなりやすく、特に青年期には前景の主人公が後景の親の意志と対立の果てに都会・勉学の道を選ぶという反応がよく見られ（鈴木, 1997, p.71）、そのような反応では、出立を引きとめる両親や家のイメージとして表れる「出立しがたさ」と個人として自立しようとする動きとの葛藤が読み取れることが多い。しかし、Dの反応では、女性が勉学に励んで地方を出立する筋であるにもかかわらず、後景の人物はまったく取り上げられず、そこには「過ぎ去った昔の自分を（中略）懐かしく思っ

ている」と、ただ「自分」と「過去の自分」があるだけである。そして、そこにも葛藤らしき心の動きは見られない。

　以上のように、Dのイメージには、葛藤や内省らしき心の動きは語られているのだが、それは、自己完結的に自分が自分を見つめるような形で成り立っている。これは、「私」にとっての異物が介在しない、第3章で検討したような、表層的な自己関係による葛藤と考えられる。

(2) 外的なステータスによって支えられる「私」

　もう一つ、Dの描いた困難イメージには特徴がある。それが、第2章で触れた、困難イメージの不明瞭さで、それが顕著に表れているのが図版3BMの反応である。3BM-①では、「『風とともに去りぬ』のスカーレット・オハラのように強い女性」が「自分に何か守りたいものをもって強く生きてきた」が「何かの人生の不幸というか、たとえば恋人と別れるとか、なにか大切なものを失ったとか、それで今絶望している」と語られた。そのいずれにも確定しないまま、「守りたいものをもって強く生きて」いると、「いろいろ人生ぶつかる」と説明を重ねたが、依然として抽象的で漠然としていて、結局はっきりしているのは、何かにぶつかったということだけである。

　また、13MF-①では、男女の別れをテーマとしているが、なぜ別れることになったのかははっきりしない。「男性の方にふさわしい人（が現れた）」か、「どうしても離れなければならない仕事（ができた）」のか、そのどちらかによって物語は大きく変わってくるであろうに、そこは不確定のままで、はっきりしているのは、ただ、別れなければならなくなったということだけである。

　これらの物語には、ただ、思いが「遮られる」ということだけがあって、その遮ったものが何なのかが不明瞭である。前述した事例Bの3BM-①では主人公にとっての障害である「これからも長く続く姑の介護」か、「精神的にも身体的にも負担があっても姑の介護という役目を続ける義理堅さ」という主人公の内面的特徴を表していたように、いったい自分が何にぶつかってい

るのかという困難に対するイメージには、本人の主観のあり方が反映される。それが曖昧ということは、第2章で述べたように、困難イメージを固定する主体の不明確さを示している。3BMで何にぶつかったかが不明瞭であるがゆえに、それに対峙している主人公もまた「自分に何か守りたいものをもって強く生きてきた」という、漠然とした人物像にならざるを得ない。そのような不明瞭な人物像を支えているのが、Dの場合、「スカーレット・オハラのように」「強い女性」という概念的で外的な属性である。問題解決もまた「強い女性なので逆境にもめげずに立ちなおって」と、「強い女性」という概念がベースとなっている。内実としては相当に不明瞭なまま、それを補うために、他の誰かや概念を外的な型としてそれによって、人物像を規定するあり方。これは13MF-①でも同様で「社会的地位が高い」男性と「普通の人」の女性との「身分違い」の恋の終わりをテーマとしていたが、ここでもやはり社会的地位という外的なステータスが人物像を規定していた。どんなテーマにぶつかっているのかがわからない、したがって、それにぶつかっている主体がどのようであるのかがよくわからない、そのような状態において、人物像を支えてくれるのが「スカーレット・オハラ」であり「強い女性」という概念なのである。これは、外側の殻だけがあって中身がぼんやりとしているような人物像であり、D自身の自己像のあり方を反映しているのではないかと思われる。

　おそらくDにおいて、「私」に意識を向ける傾向はきわめて強い。それは、自分が自分を見るような自己完結的なあり方にも見て取れるし、主人公の人物像としての外的なステータスに関する語りも多く、「私」がどのような人間であるかということについてはかなり意識を向けながら生きている人であろうことが予想される。これは、言い換えれば、私は私であり他者とは違う人間であるという自他の区別がしっかりと成立しているということである。このことは物語のテーマにもよく表れている。Dの反応においては、主人公に本来的に与えられていないものに憧れ、それを求めては、得た途端に失うという筋が繰り返されている。

「家に余裕がない」から手に入れることができなかったバイオリン（1-①）、「身分違い」の恋（13MF-①）という設定には、共通して「自分には分不相応な何か」というイメージが読み取れる。自分が望んでも得られないものがあること、人生は自分の思うようにはいかないという認識は、どこまでが「私」に許された領域であるかという境界の認識である。一方で、遭遇した途端に自他の境界線を飛び越えて盗んでしまったり（1-①）、身分違いなのに「出会ったときに恋をしてしまって」（13MF-①）と急速に結びつくような、境界を越えた結合や融和を求める心の動きが語られていることも、逆説的に、「私」とその外側を区分けする境界の存在を痛切に感じているように思える。これらのことからすると、Dの「私」は、他との境界において自分の領域を線引きされることによって、その線によってできた輪郭として成り立っているところが大きいのではないかと考えられる。もちろん「自己が自己として表象されるためには、自己は外部の抵抗からの触発に遭遇しなければなら」ず（木村, 1990, p.42）、「私」は、「私」ではない何かとの境界において成立する。しかし、一方で、その「私」は、今、ここで内的に生じている体験の流れを生きつつ、その流れを掬い上げて把握されるところの実感に支えられている。Dにおいては、おそらくこの内的な体験過程をベースとせずに、外的な輪郭を通じて「私」を意識している傾向が強いのではないかと思われる。それゆえに、外的なステータスや概念から人物像を定めざるを得ないとも考えられよう。

(3) こだわりをもたずに流す視点

第2人物の視点はほとんど一貫して同じ特徴をもっている。たとえば1-②では大道芸人を第2人物として「小さい頃から世界中を回っている人で（中略）ここで少年と会って、以後は（中略）少年と別れてまた旅を続ける」と語られ、第1物語で語られたことはただの「人生の中の1ページ」として扱われていた。3BM-②においても第2人物である子どもは、第1主人公の絶望を「冷静にみつめていて」「また違った人生を自分で歩んでいく」と語られ、

第1物語の状況はまるで人生の一例のように扱われていた。13MF-②でも第2人物である猫は、離別した「二人の出会いから終わりまで」を冷静に見て「またいろんなものを見ていく」と語られ、第1物語のことは猫にとっての単なる「1枚の物語のスライド」とされていた。このような他者視点のイメージによって、第1物語で語った悩みやつらさは、特別なことでもない一回の出来事として流されていく。他の調査協力者の反応には、第1物語で語られた困難イメージがいくらか不明瞭な場合でも、困難状況の別の関与者である相手の視点から困難イメージの内に入っていく第2物語を語ることで元の困難イメージが分化したり深まったりする場合はあるが、Dの場合は、困難イメージに対して別の視点をもとうとすると、その視点は困難イメージに参入して動きを生み出すようなものにはならない。第1物語の状況をなんとか改善しようと関わる他者イメージを語ったCにおいては、まだ「解決しようとする」という形で困難イメージに対するこだわりが見られたが、Dにおいては、そのこだわり自体を流すような収め方をしているのが特徴である。これは、ある困難イメージにこだわって、そこに留まり、その内に参入していくという、心理療法が目指す方向性とはまったく違うものと言えるだろう。

8.「相手」というコンテクストの喪失

　本章の当初の目的は、他者イメージを深めることによって困難イメージにもたらされる動きが、相手視点の他者イメージと、傍観者視点の他者イメージではどのように異なるかを検討することであった。しかし、相手視点でのみ反応し続けた人と傍観者視点でのみ反応し続けた人を取り上げて検討をしてみると、第1物語における困難イメージやそれに対する主人公の関わり方にずいぶんと違いが見られたことは興味深い。本章での検討は、困難イメージの背後に相手としての他者のイメージを想像するか否かで、悩み方が相当に異なる可能性を示唆していよう。

困難イメージの背後に相手としての他者イメージが想像されない場合の悩み方は、第1物語に表現された困難イメージによく示されていた。CとDの第1物語では、葛藤や内省や罪悪感といった、自分を見つめることによって生じる心の動きは語られていたが、いずれも主人公の行為の背景に相手の視点というコンテクストがないのが特徴であった。このことは、特に第2物語課題で相手視点に立つことを選ぶか否かが、相手の視点をコンテクストとしてものごとを捉える傾向の強弱と関連が深いことを示唆していよう。

　前述したように、ある行為の意味は、コンテクストが明確に想像されることによって規定される。相手の視点がコンテクストになるということは、自分のあり方を、向こう側から受け取る者の視点が明確に想像されるということであり、その想像に支えられて「私」の姿は浮かび上がる。AやBのように、常に事態の裏に相手の視点というコンテクストを自ら生み出す者は、想像力を通じて内的な相手の視点という「地」を自ら作り出すことによって、自身の行為の意味という「図」をはっきりと作り出すことができる。つまり、相手の視点というコンテクストを用意できる力は、「私」がどのような人物であるかを自ら内的に定める力と関連しているのである。このような者においては、心の中に、「私」と「私ではないもの」との対峙構造がしっかりと維持されており、言い換えれば、「私」というものが自分の内でかなりはっきりとしたイメージとして確立されているのである。「私」がはっきりとしているがゆえに、図と地のコントラストが際立ち、葛藤が生まれるのが、このようなタイプの心のあり方であると言えよう。

　それに対して、CやDにおいては、困難イメージを相手の視点というコンテクストで捉えようとする姿勢が弱い。このようなあり方においては、「私」は「私自身の内的な対立者」や「私の行為を受け取る相手」のイメージというコンテクストによって裏張りされていない。「地」を失えば「図」もまたぼやけるように、「私」のコンテクストとなるイメージが曖昧であれば、自身がどのような存在であるかの内的なイメージも曖昧になる。しっかりとした内的な軸をもたないまま、それでも「私」に意識を向けて、罪悪感や葛

藤が体験されるのがCやDのようなあり方ではなかろうか。

　Dのように、外側の型や抽象的な概念、ステータスなど外面的なものを支えとして「私」を構成しようとするのは、内的なイメージとして「私」が定められないことの補償であろう。「私」という存在を内的に支える働きの弱さが、世界にこの「私」がいるという実感の希薄さという形で体験されると、Cのような悩みになるとも考えられる。場合によっては、その弱さが、世界との接触自体を避けて引きこもるという形で対処されることもあるだろう。「私」に対する意識だけがあって内的な軸がないというあり方が、臨床的にどのような行動や悩みのテーマとして現れるかについては様々なものがあると考えられ、さらなる検討が必要であろう。

　また、他者イメージを深めることがもたらす動きという観点でも、CやDのようなあり方は特徴的であった。AやBのように、困難イメージにおいて「私」と「相手」が表裏のように対峙しているあり方では、相手の視点のイメージを深めることで、困難イメージに留まりつつ、それを別の角度から深め、葛藤の内側に参入していくことになっていた。その結果として、投影が解消されたり(A)、投影が強まって(B)困難イメージ自体に動きがもたらされるということは、困難イメージを生み出し葛藤を作り出している主体／主観に変化がもたらされるということを意味している。その変化は、ただ困難のイメージや「私」のイメージの変化というよりも、それらのイメージを作り出しているおおもとの主体の変容なのである。したがって、「私」に意識を向けて内省的にイメージを深めていくことと、「私」と対になる「他者」のイメージを深めていくこととは、ボートの左右のオールのように、葛藤を深めて心理療法の展開を推進させうるのだと考えられる。

　それに対して、「私」が外側からの意識によってだけ保たれていて、内的な軸としての支えをもたないとき、そのような「私」に対してどのように考えているかだけにコミットしたり、「他者」のイメージにこだわっていこうとしても、Cのように、「どうしたら状況が好転するか」「気持ちがもちなおせるか」といった外的な解決や、Dのように、悩み自体を流したりするよう

なことに意識が向けられやすいのではないだろうか。語られる自己像や他者像を深めて「自己洞察」を得ようとしても難しいケースでは、ただ表層的な自己関係として「私」への意識が成立している可能性を考えておく必要があると思われる。そのような場合には、ただ「私」についての語りの内容に注目して聴いていっても心理療法としては深まりにくいことが予想される。異質なものと接触するというＣの試みた解決は、ただ深まりを志向するのとは異なることが心理療法で大切になる可能性を示唆しているように思われる。この点については、次章で、心理療法事例を通して考えていきたい。

第5章
表層的な自己関係への閉じこもり
不安の訴えと自己否定を続ける男性との面接

1. 本章の目的

　これまでの検討で、葛藤や内省力があるように見えても心理療法的に深まりにくいあり方の特徴がある程度明らかになったと思われる。それを踏まえて、本章では、そのような特徴をもった者に対する心理療法のあり方について心理療法事例を素材として検討していくことにする。取り上げる事例は、不安を自分自身の考え方に由来するものとして捉えて反省したり、人間関係的な葛藤を抱えているように見える男性のクライエントであった。基本的な訴えとしては、嫌なことが起こったり、人から悪く思われたり文句を言われたりすることに対する不安や、他者に対する不平が中心であった。訴えの内容に奇異な印象もなく、自分の考えと外的な現実の区別もしっかりしており、病態水準としては神経症レベルとして見立てていた。筆者としては、彼の体験しているであろうことを言葉にして映し返すというスタンスを中心に、時々クライエントの思いを支持するような言葉をかけつつ、彼の語りを聴いていた。しかし、筆者がどのように応答しても関係なく同じような訴えが反復され、かといって面接に対する抵抗も感じられず、話が深まっていかないことに筆者は戸惑いを覚えていた。この事例を、表層的な自己関係という観点から捉えて、そのような自己関係を生きる者の心理療法について検討したい。

2. 事例1の概要

クライエントは30代の男性である。妻と二人で暮らしている。まじめで、中途半端にできず、断り切れないので負担が増えるのが常。幼少の頃よりおとなしく、人付き合いが苦手だった。組織に勤務して10年を越え、他の職員から仕事を任され一人残業することが増えてきた。その頃の上司が小さいミスにも怒る人で、X-2年3月頃からクライエントはびくびくして上司の声を聞くだけで身体が震え、集中力が低下し、出勤が憂鬱になった。心療内科を受診しX-2年8月より前セラピストのカウンセリングを受ける（25回の面接）。X-1年3月に不眠や吐き気を理由に2週間仕事を休んだ。前セラピストとの相談の内容は、主に職場の苦手な人についてであり、前セラピストは"いい人になりすぎないように""気にするな"というアドバイスや、怒りのロールプレイなどを行ったがあまり変化がなかった。前セラピストの退職によりX年4月から筆者が担当し、2週間に1回の面接を行った。以下クライエントの発言を「　」、セラピストの発言を〈　〉で記載する。

（1）自己否定、不運のぼやき、不安の列挙（#1〜4　X年4〜6月）

#1〜4　「仕事を押しつけられても断れない。断ったら立場が悪くなるんじゃないか、自分に返ってくるんじゃないかと思って何も言えない。まわりの要領がいい人たちは知らん顔で帰っていく」と話し、1年前は「空気の読めない人がいて」、2年前は「仕事のできないおばさんがいて」、異動のときは「新担当者に自分の仕事を否定されて」と過去に一緒に仕事をしていた人の不満を列挙。「自分はいつも損な役回りで」と話す。話は散漫に、様々な職場での不満エピソードに移っていくが、時折、自分に引き戻して「もっと苦労している人もいるのに、自分はいつもまわりの不満ばかり言って」「前のカウンセラーの先生は『ポジティブに試練として捉えたらいい』と言っていたけど、自分はいろんなことをネガティブに考えてしまう」と話す。つらさに浸るでもなく、怒りを訴えるわけでもなく不運をぼやくような語りが続

く。今の職場では電話での問い合わせに対応する立場で、クレーマーからいつ電話がかかってくるかとびくびくしているとのこと。クレーマーの中には、しつこい人や怒りっぽい人、法律に訴えると言いかねない人などがいたよう。「よりによって上司のいないときにかかってきて、いつも間が悪い」「ついてない」「他の担当者の尻ぬぐいです。自分は尻ぬぐいばっかり」とぼやき、「突発的な問い合わせにどう対処したらいいのか。もともと答えが決まっていれば言うことはできるけど、いきなり言われたことにうまく答えられるか不安。自信がない」と話す。不安の話は、「電話が鳴るとクレームじゃないかと、びくびくしている」という話から、「歩いていると、昔のいじめっこや嫌いなやつに偶然会うんじゃないか」とまったく別の人物の話に移っていったりして、「自分はいろんなことを気にしてばかりです。不安でいないと不安なんです」「どうしたらいいんでしょうか」と話す。

　セラピストは思ったことを伝えたり、クライエントが感じていたであろう内容を返したり、時にはクライエントの不満をもっともなこととして支持したりしていたが、セラピストとしてはどのように返してもあまり手応えがないような感覚。映し返しても、そこから同じようにクライエントは他の不満エピソードを話したりして、またそれが「自分は、こんな風にネガティブに考えて」「不満ばっかり言って」といったような反省になり、セラピストが不満の感情を肯定して拾おうとしても同様の展開になる。セラピストの応答や言葉を求めるように、「どうしたらいいんでしょう」などと質問をしてくるが、何を返しても筆者の言葉は、すぐにクライエントのぼやきと自己否定の文脈に覆われていくような感覚で、眠くなっていくこともあった。

　セラピストの求めに応じて夢を報告する。

　　（夢1）電車に乗ろうとしたけど、行き先が違うんじゃないかと思って車両の後ろの方を見るとやっぱり乗るべき電車だった。乗ろうとしたけど出てしまった。

(2) イメージとの接触から生じる動き（#5～14　X年6月～X＋1年2月）

#5　他の職員の休みのためにクライエントが中心になって計画を立てて実行することになったことについて「プレッシャーです。損ばかりです」「前はもっと裏方の仕事だったのに。誰も助けてくれない」と話す。セラピストからTATに誘う。第2物語課題を加えて実施。

【図版1-①】バイオリンを壊してどうしようと悩んでいる。買ってくれたお父さんお母さんに怒られるとか、どう言い訳したらいいんやろうとか考えている。あるいは、演奏技術に悩んでいるか。

【図版1-②】お父さんお母さん。せっかく買ってやったのに、ろくに練習もせずにつぶして、何をしてるんだという感じ。それか……（親の話とは別の話になり）こいつ壊しよったと笑ってるような悪い視線。かわいそうとかじゃなく、言いつけたろうかみたいな。騒ぎ好きで無責任に面白ければいいと思っている。

セラピストは、物語からクライエントのあり方を指摘したとしても、いつもの自己否定の文脈に覆われていくだろうと考え、代わりに〈この子は壊してしまって、怒られる、どうしようと思っていて〉〈親の方はせっかく買ってやったのに何をしてるんやと思っていて〉と中心的な筋をなぞるように復唱していく。すると、クライエントは、「少年も壊したくて壊したわけじゃないし、なんか理由があったはずなのにそれも知らずに頭ごなしにとフワーッ！と言うなんて」と口から激しく吐き出す身振りをして話す。

#6～7では、電車で昔の嫌な友達に会ったこと、いつもと違う道を通ったときに限って車をこすられたことなどを列挙して、また起こるんじゃないかと不安を語る。「悪いことばかり思い出してしまう。フラッシュバックです。不安がないと不安。トラウマを克服するにはどうしたらいいんでしょう」〈でも、悪いことを考えることで、守ってるんでしょう？〉「そうですね。自分の殻に閉じこもっている」。

#6　図版7BM（若い男性の耳元で初老の男性が話しかけている）を用いてTATを実施。

【図版7BM-①】若い男性が答弁中に（初老の男性から）助言を受けているが、助言通りに答えてもまたフロアから質問されたらどうしよう、どう切り返したらいいのかとプレッシャーを感じている。
【図版7BM-②】助言している男性は「自分が答えるんじゃないからいいや」と無責任に言っている。

語り終えた後にセラピストが内容をなぞって復唱すると、クライエントは「以前ある人に『言いたいことがあったら言ったらいい』と言われた。その人は言えるんだろうけど、自分はそうじゃない。なんでそんなこと言われないといけないのかと思った」と思い返して否定的な気持ちを話す。しかし、すぐに「でも、そんなこと言っても言い返されて終わりのような気がする」と引き戻して、「言えない自分」の話に。

#7　図版13B（家の扉の前で、家に背を向けて少年が座っている）を用いて実施。

【図版13B-①】誰か、親か友達かを待っていて待ちくたびれて、まだかまだかとそわそわしている。
【図版13B-②】通行人が、あの子は何をしてるんだろうと思っている。

と第2物語で当たり障りのない傍観者の視点を並置するクライエントに、セラピストは〈では、（少年に）待たれている側から作ってください〉と、対峙的な視点を語るよう求めると、

【13B-②'】親がおもちゃを買って帰る話になっているけど、子どもほど価値があると思っていないから、自分の用事を済ませてから帰ろうとしている。

#8〜9　しつこく横柄なクレーマーについて「気持ち悪い。怖いよりも気持ち悪いという感じ」と述べる。

　　(夢4) 小中の頃の同級生に道で出会ってしまう。わがままで身体が大きくて、気に入らないとすぐに人を殴る幼稚なやつ。向こうが何か言ってきて、こっちが言い返して口論になって、殴り合い。

〈こっちも殴ったんですか?〉「抵抗しました。でも、力が弱いんで、あんまりスカッとしない」「昔は、いじめられてもそれ以上やられないように笑っていたけど、今になって思い出すとくやしくて」「夢では殴り返せるんですけど、現実では……(自己否定が続く)」〈夢だって現実です。自分の中にあるから出てくる〉「ああ……犯罪者の気持ちがわかるなと思うときがあるんです。やられた奴に、怒りが溜まってそいつを殺すとか。自分が怖くなる」。#9では、不満相手に対する攻撃的な気持ちがすっと話され、自分に引き戻さない。

#10では、「最近は、調子の良いときはびくびくしないでいられました。こんなことは今まであまりなかった」と話す。セラピストの言葉がクライエントに届かない感じが、この回からなくなってくる。

　　(夢6) 目医者に行った。逆まつげになっていて、下にまつげが行ってるから目が痛いんだということで、逆まつげを治した。そうしたら、二重瞼になった。

この日は、「ありがとうございます。またお願いします」と頭を下げて帰られる。

#11　部署が繁忙期で仕事量の割り当てについて「自分はうつなのにちゃんと考慮してもらえているのか。腹立たしい。アピールしないとわからないのか」と話す。その後、眠気で仕事が手につかなくなって主治医の診察を受

けて休職。以前の休職は繁忙期が終わったタイミングで2週間休職しただけで、数か月単位で休むのは初めてのこと。部署の人に悪く思われているのではないかと気にするが、「外からの電話を受けるような仕事は合わない気がする」と異動したい気持ちを話す。日常生活ではやる気が出ないことが続くが、食欲はあり睡眠も問題ない。

(夢10) 大型バイクに乗っているが、自分で制御できなくてひやりとする。車に当たりそうで、なんとかかわしている。

また、他の夢で父親が出てきたことから、「父は厳しくうるさい、身体が大きく怖い人。あまり腹を割って話したことはない。最近弱ってきたけど、あまり弱っているところを見たくないんです。強いイメージのままでいて欲しいから」と話す(#13)。

(3) 社会における位置づけを探す (#15～33　X＋1年3月～X＋2年3月)
#15

(夢18) 職場の人たちが席替えをしている。自分の机が見つからない。訴えたけど、探してくれない。みんなそれぞれ自分の机をもっていて自分のことで夢中。

〈自分の机は自分で用意しないといけないような状況。自分ですることとか誰かにしてもらうことについて何か思うことは?〉「若い頃は誰かについていったり前例に従えばよかったけど、何年も働いていると自分で判断することを求められる。上に言っても、ほったらかしにされる」。#16では、いつ復帰したらいいのか悩む。

(夢19) 車に乗っている。眠っていたようで、目が覚めると、職場の

後輩の若い女の子が運転をしている。起きて自分が運転を代わる。

　#17〜18　休職して4か月半が立ち、希望の部署に異動できるタイミングでクライエント自ら主治医に話しにきて復職。新しい仕事は、計算をして収支を合わせる単調な仕事で、電話も組織内部からの問い合わせを受ける程度で、だいたい内容の予想がつくから不安にならないとのこと。そのことをよく知っていて、その部署を希望したよう。「今は必死だけど、慣れたら自分のペースでやれそう」と話す。

　（夢25）魚が切り身のように切られていて、その一片を取ったら中から、ひよこのような小さい鳥が飛び出てくる。
　（夢26）実家の2階に自分がいる。夜遅いのに外で騒いでいるガラの悪そうな若い連中がいる。うるさいと怒ったら、フェンスから屋根にのぼって襲いかかってきた。窓のところで棒で突き落としたり、腕を捻り上げたりして必死に追い返した。相手は転がり落ちて行った。撃退した。

　#19〜22　職場で午前中だけ眠くなって仕事が手につかないことが続く。所属部署は理解して休憩させてくれるが、休んだぶん残業していたら総務課から指導が入った。「まだ治ってないのに復帰した。うつなのに考慮してもらえてるのか」「でも、（自分が）まだ治ってないと思ってるから、眠くなっているのかもしれない」。

　（夢33）妻が駅前で焼肉屋を営業している。繁盛しているが、煙で迷惑と苦情がきている。自分は繁盛しているのを見てすごいなと思っている。

　#23　「今心配なことは、来月に子どもが生まれること。今は、妻に朝に

起こしてもらい、服も食事も用意してもらっているが、それがなくても自分は大丈夫なのか」と話す。

#24〜27　子どもが生まれて、2週間。おむつを変えたりミルクを飲ませたり。「まぁなんとかやってるかなと。自分の子だという感じがして、かわいいと思えるのが救い」「子どもの世話に追われていて嫌なことを忘れられ、会社で眠くなることもなくなってきた」(#24)。ワゴン車を購入(#25)。

　　（夢41）和風の旅館のような大きい家に引っ越ししている。豪勢な引っ越し祝いのパーティをしている。役所の人に固定資産の評価にきてもらわないといけないと誰かが言った。

#27では、「そういえば最近漠然とした不安はない」と話す。
#28〜33

　　（夢48）Y村に出向することになった。車で役所を見学しに行く。大型のビルがあり、その一フロアが巨大な流れるプールになっている建物があり、大勢の人でにぎわう中、自分もプールに入って人波にもまれる。その後、村のお祭りのようなものに参加して村長が挨拶しているのを見ている。

セラピストの面接枠が次年度より変わることが決まり、#30に今後について話し合う。状態からすると年度内で終結にしてもよいのではと提案すると、クライエント自身も「良くなっていると思う」と話し、#33で終結となる。

3. 考察

(1) 表層的な自己関係という殻

#1〜4でクライエントは、様々な不安や不満を列挙しては、「自分はいつ

もまわりの不満ばかり」「いろんなことをネガティブに考えてしまう」「気にしてばかり」と自分自身について言及した。語り自体は、自分自身の認知を振り返るものであるが、それは深まることもなく同様に繰り返された。このような言動の背後にどのような心の動きがあったのかをよく示していたのが夢1である。「電車に乗ろうとする」という冒頭は、どこか異なる場所に向かっていく動きが始まりつつあることを思わせる。しかし、そこで「行き先が違うんじゃないか」という不安が生じる。この不安は、自分が電車に乗り間違えようとしているかもしれないという、自身を省みるリフレクティブな視点を生み出している。そして、その直後に「乗るべき電車」であることは確認されるのだが、にもかかわらず、夢自我は電車に乗り損ねる。結局「電車」との接触は起こらず、夢自我はただ元の場所に元の通りに残されるのである。対象に触れるということは、同時にその対象によって触れられ、影響を及ぼされるということでもある。したがって、電車という対象との非接触は、新たな場所へと向かおうとする自らの内なる可能性によって影響を及ぼされないでいることを意味している。ここに現れている自意識や内省のあり方は、「私」ではない自分との自己関係によるものではない。むしろ、自分以外の何かと接触することなく、ただ自己完結で表層的な自己関係による内省であり、それは、対象との心的な接触を妨げて、変わらぬ状態を維持するものとして機能している。クライエント自身、「不安でないと不安」(#4～7)「自分の殻に閉じこもっている」(#7)と述べたように、様々な不安を生み出して常に同じように自己否定的に自分自身に意識を向けることも、「私」以外の何かに真に心的に接触することを避けるための「殻」であった。嫌なことに遭遇したときに、当事者としてその出来事の内に入っていくよりも、「ついてない」「間が悪い」と俯瞰的な視点からめぐりあわせを嘆くのも同じことであり、クライエントは、不安、不平、自己完結的な内省という殻の中に安住し、「私」以外の何かとの非接触を維持していたように思われる。この「私」以外の何かとは、電車に象徴されるような、クライエントの内で新たな可能性として動き出している「内的な他者」でもあり、クライエントの心に何ら

かの影響を与え動きをもたらそうとしているセラピストのような外的な対象でもあったろう。そのため、クライエントが「私」に意識を向けながらも、その「私」についての語りが深まらず、変わらずに同じ語りが繰り返され、セラピストの言葉が響かなかったのだと考えられる。

(2) 内的な他者との接点がほどけるあり方
　クライエントの語る他者イメージに注目すると、もともとクリニックに来談することになった大きなきっかけが、部署の上司が小さいミスにも怒る人物であったこと、そして、クライエントが不安を訴える他者が「いじめっこ」(#4)、横柄に強引な主張をしてくる人物(#8〜9)であったことを考え合わせると、クライエントの不安をめぐって、高圧的にぶつかってきたり主張してきたりする攻撃的な人物のイメージが動いていた。それには、厳しく身体が大きく怖い父親のイメージ(#13)も重なっていたのかもしれない。これらのことから推察すると、クライエントの不安の訴えの中核には、自らの（しかし「私」の性質としては所有されていない）内なる攻撃性や権威性をめぐる葛藤があるのではないかと考えられる。同じことは内的対象関係に注目すれば、父親に対する攻撃性と処罰の恐怖との葛藤として捉えることもできるかもしれない。このように、クライエントの語る他者イメージは、内容としては、クライエントの内的な課題を示しており、「内的な他者」のイメージとして捉えられるかもしれない。
　ただ、一般的な神経症水準のクライエントであれば父親や上司など、特定の誰かの表象に重ねてその人との関係に悩み続けるか、人物としては異なるがイメージ的に重なる複数の他者について語りながらも「攻撃的あるいは権威的な人との関係で動く複雑な気持ち」というテーマとして収斂していくようなプロセスをたどることが多いように思われる。それと違って、クライエントの話題は定まらず、高圧的な人物との話から、「仕事のできないおばさん」や「空気の読めない人」とのあいだの嫌な話までも同列に語られていく(#1〜2)。時には、誰ともわからない人に「車をこすられた」アクシデントま

でもが並列され(#6〜7)、もはや継続した関係性の話題ですらなく、単に不幸な目に遭うことを恐れているような話になっていく。誰か相手のいる不満を語っていても、その対象が横滑りして焦点がぼやけやすく、さらには「間が悪い」「ついてない」「損ばかり」という、もはや不満の対象のいないぼやきになってしまう。

　このようなあり方は最初のTAT物語(#5)にもよく表れている。1-①で「バイオリンを壊して(中略)悩んでいる」「買ってくれたお父さんお母さんに怒られる(中略)どう言い訳したら」という筋では、主人公は「お父さんお母さん」という不安の対象と向き合っているが、すぐに「あるいは、演奏技術に悩んでいるか」と、相手のいない筋へと横滑りする。第2物語の1-②でも「お父さんお母さん」を第2人物として、「せっかく買ってやったのに、何を壊してるんだ。ろくに練習もせずにつぶして」と少年に対峙して怒りをぶつける視点をはじめに語るのだが、そこでクライエントは「それか……こいつ壊しよったと笑っているような悪い視線」と、対象としての特定性も具体性もない傍観者的な「視線」の話に移るのである。視点の内容ならともかく、視点の位置が物語中に変化するということは非常に特徴的である。第4章での検討を踏まえると、壊してしまって親に怒られるかもしれない不安のイメージに対して、「何を壊してるんだ」と責める相手のイメージを深めることは、二つの視点のイメージが対峙する緊張と新たなイメージの動きを生み出す。しかし、クライエントは、まるで二つの電極が接触した途端に生じる火花を恐れるように、その接点をほどき、傍観者的な視点に移っているように思われる。

　「私」と他者イメージが互いに互いを相手とする対峙的関係が崩れ接点がほどけていく。そして、クライエントにとって内的に意味がありそうな他者イメージの内容も一瞬はっきりとした像を結んだかと思えば、焦点がぼやけて拡散的になっていく。一瞬は、他者という対象のイメージと対峙しているような心的状態になっても、心的な接触が起こりそうなところで、対象が不在あるいは対象の像が曖昧にぼやけるような心的状態に入り込んでしまう。

これが、前節の述べた「殻に閉じこもる」ことが実現しようとしている状態であろう。田中 (2013, p.25) は、発達障害の者が、「子宮」に包まれたまま、「『区別』『分化』『分割』のない曖昧模糊とした状態にまどろんで」いる「未生」というあり方を示すと述べている。本章のクライエントは、独立した他者の視点として相手のイメージを思い描くことができたり、他者の視点から「私」について考えることができる点から考えても、自他の区別は内的に成立している。対象と接触しそうなところで、対象が不在あるいは対象の像が曖昧にぼやけるような心的状態に入り込んでしまうクライエントのあり方は、「子宮に包まれたまま」でいるというよりは、主体になることを避けて「子宮」に籠もろうとし続けているといった方がふさわしいように思われる。クライエントが特に苦手とし「プレッシャー」と不安を訴えていた、前面に立って問い合わせに答え、計画を立てて実行する (#5) 状況も、自分自身が主体として場に接触しコミットしなければいけない事態である。それは、目の前の場との接触から立ち現れ、相手の反応をコンテクストとして映し出される「私」の像を否が応にも引き受けざるを得ない事態でもある。それに対して「もともと決まっている答え」(#2) や上司の指示や前例 (#15) に包まれたままでいたいと願うことも、自身が主体として誕生し、目の前の状況に関与することの引き受けがたさがクライエントの問題であることを示唆していよう。

(3) 対象との接触を強いる枠

このような特徴をもったクライエントにとって、図版を見てTAT物語を語り、物語をめぐるセラピストとのやりとりを通じて、この物語イメージと接触したことが大きな意味をもっていたように思われる。#5でクライエントはTAT物語を語り終えた後、セラピストが少年と父母が対立する箇所を復唱したところ、口から激しく吐き出す身振りとともに、「理由があったはずなのにそれも知らずに頭ごなしにフワーッ！と言うなんて」と第2人物に対する反発的な感情が噴出した。ここでクライエントは、TAT物語のイメージから、身体の動きを伴うような強い感情を喚起されている。そして、#6

の7BMでもTAT物語から過去の経験を想起して「自分はそうじゃない（言いたいことがあっても言えない）」「なんでそんなこと言われないといけないのか」と、はっきりと相手を否定するようなことを述べた。このような強い心の動きが生じたことは、クライエントがTAT物語のイメージと心的に接触し、そのイメージによって触れられ、心を動かされていたことを示唆している。クライエントはTAT物語を語り、それについてセラピストとやりとりする中で、TAT物語のイメージと心的に接触していたと言えよう。直接自分自身について話すのではなく、図版という外在物を土台としてイメージを語るというTATの性質が、「こんなことを話している自分が〜」などと今の自分自身に意識を向け返らせないで心的な接触を生じさせる枠となったと考えられる。

　そして#7で、待つ側と待たれる側の対峙のTAT物語を語ったのを経て、#8の夢4では夢自我は出会った暴力的な同級生に殴られて殴り返す。ここでは、遭遇の手前で見かけのリフレクションや不安に閉じこもったりせず、また、こちら側（自分）と向こう側（相手）という対立構造が曖昧になることもなく、対峙して殴り返すという接触をもつことができている。クライエントはその連想から、「怒りが溜まってそいつを殺す」ような気持ちが自分にもあることを味わうように語り「自分が怖くなる」と話した。このとき夢のイメージとの接触から火花が発生するように暴力的な心の動きが生じ、クライエントは自身にとって違和的な「内的な他者」としての自分に出会った。このように「自分が怖くなる」ような揺らぎを伴う「他者としての自分」との出会いこそ、表層的ではない真の自己関係による内省であったと考えられる。

　そして、#10では「逆まつげを治す」夢6が報告された。まつげが反り返ってきて目に刺さる「逆まつげ」という小さな円環は、自分に意識を向け返らせて殻に閉じこもっていたクライエントのあり方をよく示している。この「逆まつげ」が治る夢が見られ、この回の終わりにセラピストに礼を言ったことや、この頃からセラピストの言葉がクライエントに届くように感じられてきたことは、閉じこもるあり方が開かれ、しっかりと対象に意識を向けら

れるようになったことを示していよう。

　このようなプロセスを支える枠となったのは、一つは先に述べたような、図版の人物について話すというTATの性質であったが、もう一つにTAT物語をめぐるセラピストの関わり方も重要であったように思われる。前述したように、クライエントはTAT物語を語りはじめたときには、対象への不満という筋を語るにもかかわらず、相手のいない筋に横滑りしたり、対象の像が曖昧に拡散するという特徴があった（図版1、#5）。イメージ上で対象との対峙と接触を避ける傾向は、#7にも見られる。第1の物語では「親か友達かを待っていて待ちくたびれて、まだかまだかとそわそわしている」と相手への不満を思わせる筋であるのに、第2の物語では「あの子は何をしてるんだろう」と傍観者の視点をイメージし、第1主人公に対峙して接触するはずの相手の側のイメージに入っていこうとしない。このようなクライエントに対してセラピストは、横滑りしていった後の枝葉の筋は取り上げずに、不満の対象との対峙が描かれた主な筋だけを復唱したり（#5）、待たれている相手の側の視点から第2の物語を作るよう指示した（#7）。これらの関わりは、対象との対峙のイメージが拡散しないよう固定し、そこに焦点づけて、そのイメージに触れることを強いる関わりであった。つまり、セラピストはTAT物語の内容の水準でクライエントが「対象との接触」のイメージから逸れずに留まるように強いつつ、加えて、表現後のやりとりでも、「対象との接触のイメージ」（という対象）との接触を強いていたと言えよう。

　一般にTATを心理療法的に用いるとき、クライエントの自己理解や洞察を狙いとして「この物語の中にあなたらしさが出ているとしたら、どのようなところでしょう」と尋ねるなどして「自らの認知の在り方や特色に気づいていく」（下山, 1990, p.8）ことが目指されることがある。それと比較すれば、本事例のような、拡散しそうなイメージの中核を捉えて固定し、ただそれに心的に接触することに働きかけるような関わりは、対照的である。表現された物語イメージを使って自意識的に自己理解を促そうとする姿勢は、クライエントのように自分に意識を向け返らせて殻に籠もるクライエントの場合、

第5章　表層的な自己関係への閉じこもり　127

対象との非接触を助長する可能性があるのではないだろうか。自意識的な振り返りが、「内的な他者」としての自分との出会いにならずに頭の中でただぐるぐると考え続けることにしかならない者に対しては、「自分」ではなく目の前の対象に意識が向けられ、そこで心的な接触が生じることが重要であることを本事例は示している。非接触に閉じこもろうとするクライエントに、心的な接触に晒されるように強いるというスタンスは、いくらか暴力的とも言えるかもしれない。しかし、中井（1970）が枠について「強いる」と同時に「保護する」という両義性を指摘したように、それは外へと開かれ対象と接触していくことを守り支える枠組みでもあったと考えられる。

　その後、#11から、クライエントは強い眠気のために休職に入る。眠気や休職は、子宮のように安全な場所に引きこもろうとする動きのように思える。しかし、以前の休職が、繁忙期を過ぎた直後という、まったく部署の都合と抵触しないタイミングであったのに比べると、今回の繁忙期まっただ中の休職では、部署とぶつかることを恐れてはいない。面接で「腹立たしい」「アピールしないとわからないのか」と訴えていたことと考え合わせると、休職は職場という相手に対抗して否定するという形の関わりのようにも思える。夢10でも、夢白我は大型バイクの上に乗っている。制御が難しい大型バイクとの関わりは、自分自身のパワフルな側面との自己関係が始まったことを示唆している。ここでは、夢1のように非接触の状態に留まることなく、物質的なリアリティをもった「バイク」にしっかりと触れており、新たな場所への移行に身を投じている。このように考えると、休職という事態は、接触を恐れて心的な子宮の中に閉じこもっていた状態から、社会との関わり、そして自分との関わりが展開しはじめたことによって生じてきた動きとして捉えられるように思われる。

（4）主体として誕生し、社会に定位すること
　夢18では、職場で自分の机がないことに気づく。ここでは「会社」という社会的なコミュニティにおける、自分の場所がテーマになっている。それは

訴えても誰かが整えてくれるものではなく、自分の手によってしつらえなければならないことを夢は示しているようである。そして、夢19で、彼は「目が覚め」、後輩の女性に運転を任せていたことに気づき運転を代わる。先輩・後輩という社会的な関係性に身を置きつつ、リードする主体としての立場を引き受け、委ねてついて行くあり方を後にしつつあることがうかがえる。この二つの夢は、自分自身が主体として、社会との関係の中に自分をどのように位置づけていくかを探しはじめていたことを示している。その後、良いタイミングを捉えてクライエントは希望の部署に異動した。それは、自分が定位するのに適切と思う場に飛び込む行為であり、夢1のように足踏みすることなく、「鳥」（夢25）のようにクライエントは外へと生まれ出て行った。一方、「ひよこのような小さい」というイメージには、まだ生まれたてで庇護を要するという認識が含まれているように思われる。復職後、午前中だけ眠くなることが続いていたのは、生まれ出たとはいえ殻を手放したくない「ひよこ」のように、「うつなのに」「治っていないのに」という理由を新たな子宮としていたい願望もあったためかもしれない。

　また、夢26では、夢自我は襲いかかってきた若者たちを撃退している。興味深いのは、このケンカはそもそも夢自我から不良に父性的に怒鳴ったことをきっかけとして始まっている点である。ここでは、来談当初のように、暴力的で威圧的な性質が「私」ではない「他者」からやってくるものとして素朴に体験されているわけではない。この夢では、クライエント自身が父性や暴力性を所有し、それによって衝突が生じている。「不快な対象」が向こうからやってくるのではなくて、それを自分が「不快」と見なして対立しているのだという主体／主観の感覚が芽生えていたことを示していよう。

　#22では「妻の焼肉屋が繁盛する一方で煙で苦情がきている」という夢33が報告される。河合（2013）によれば、主体が立ち上がる契機には、「分離」を通じて「相手をはねつけたり、否定したり、ネガによって主体ができてくる方法」(p.14)と、噴出するように「ポジとして、自分が出てくる」(p.15)ような「発生」とがある。この観点からすれば、夢33で、立ちのぼる煙は、ク

ライエントの主体の発生とも捉えられるだろう。その煙に対して苦情が来ていることも印象的である。ここには、主体として世界に誕生することが、まわりの他者との関係性の中で疎まれる可能性を伴うという認識が含まれているように思われる。このような認識は、苦情が来ることを恐れてびくびくし、主体であることを避けようとしていた来談当初のクライエントでは引き受けることが難しかったものであろう。

　そして、#23で生活の様々なことを妻に頼っていると語り、子どもが生まれた後の不安について述べるが、子どもが生まれた後は、会社で眠くなることもなくなり、漠然とした不安もなくなった(#24)。クライエントは、庇護されるポジションを赤ちゃんに譲り、眠りや不安という殻をとりあえずは手放すことができたのかもしれない。直後に購入した「ワゴン車」は、子どもを含めた新たな家族を容れる器であるが、それは同時に、主体として家族の関係性の中に生まれ出た自分自身を容れる器でもあったようにも思える。また、夢41では、新しい大きな家に引っ越しており、そこで誰かから「固定資産の評価」が話題に出される。それは、自分が定位する場を社会に対して公式に登録する動きが起こりつつあることを示している。それを経て、終結前の夢48では、引っ越し先の土地で役所を訪れたことや、住民の人々とプールに入り、土地の祭りにも参加したことには、クライエントが社会的なコミュニティに参入し、その中に自分を位置づけていったことが示されているように思われる。心的な子宮に閉じこもっていたクライエントが主体として生まれ出て、家族や社会との関係の中に自分を定位させていったプロセスを思えば、「引っ越し祝いのパーティ」(夢41)は誕生の祝福であり、「固定資産の評価」(夢41)「役所の見学」(夢48)は出生登録であったとも言えるかもしれない。

4. 事例1のまとめ

　最後に、これまでの章の調査研究での結果と関連づけながら、本事例から

わかったことについてまとめておきたい。

　心理療法の経過で、クライエントはいじめてきた相手を殺したくなるほどの気持ちに触れ、夢の中では、「大型バイク」のイメージに象徴される内なる側面と関わり、騒いでいる不良に父性的に怒鳴ってケンカをしかけるようになった。このような筋でこの事例を見るとき、クライエントが来談当初に語った威圧的で暴力的な他者イメージの内容面には、後にクライエントが自分自身の性質として関係をもっていったような「内的な他者」としての自分が投影されていたと考えることができる。また、それらの他者イメージの内容は、おそらく厳しく怖い父親のイメージとも重なっており、#11で父親の体調が思わしくないことについて「弱ってきたのを見たくない。強いイメージのままでいて欲しい」と述べたことからすると、クライエントが父性的な存在の庇護下にいることをやめ、父性を自分のものにして、（実際に子どもを得て）父親になっていったという筋として理解することもできるかもしれない。

　このように、他者イメージの内容に、現在のクライエントにとって補償的で、後に関係をもっていくような、「内的な他者」としての自分が投影されていると見れば、「私」としての自分と「私ではない」自分との葛藤を抱える神経症的な人格構造と同様である。

　しかし、自分自身が対峙している相手を想定し、その相手のイメージに自分自身の異質で他者的な性質を投影して向き合っていくという心理療法の深まりがスムーズに展開しなかったのは、対象との接点が容易にほどけて表層的な自己関係に閉じこもるという特徴のためである。外的な意味での他者に対しても、自分のあり方に揺らぎをもたらすような内なる心の動きに対しても、心的に接触するかしないかというところで、その接点をほどき、自分自身に目を向け自己完結的に閉じこもっていく。そうすると目の前の対象に視線は向けられなくなり、クライエント自身が向き合っていたはずの問題のテーマも焦点がぼやけ、話は拡散していく。このように表層的な自己関係を子宮として閉じこもり、対象のぼやけた心的状態でい続けようとするあり方

もまた、第4章で検討したような、葛藤以前の、世界との接触の次元が問題となるあり方のバリエーションの一つと言えるだろう。

　この事例においては、困難イメージやそれに付随して想像される他者イメージに関与する中で、自分自身の内でテーマとなっている葛藤に向き合っていくようなプロセスは起こりがたく、困難イメージとの接点、困難イメージにおいて伴って想像される相手としての他者のイメージとの接点が維持される枠をセラピストが提供し、接点がほどけないように留めるような介入が必要であった。このようなクライエントに対してセラピストが提供すべきなのは、解釈などで自意識的なあり方を強化することよりも、対象との心的な接触が生じることにコミットする姿勢であることが示唆された。そのスタンスがしっかりしていれば、対象との心的な接触を支える枠組みはTATや夢でなくともよいように思われる。

第6章
他者イメージをめぐる連想からの検討

1. 本章の目的

　ここまで、困難イメージの背後で動き出す他者イメージの内容や視点の位置に注目して検討を行ってきた。それによって、「私」をめぐって葛藤や内省をしているように見えて、それらが深まりにくいケースを考える観点が得られたように思われる。

　本章と続く第7章では、これまでの論はひとまず脇において、「悪いのはすべて自分以外の他者になっていて、話をしていても堂々巡りでいつまでたっても深まらない」（岩宮, 2006, p.6）と言われるような、「私」をめぐって悩むこと自体があまりなされないようなあり方について考えたい。馬場 (2006) は精神分析的心理療法について「問題を自分自身に由来するものと感じ取っていて、それを自分から改善しようとする意志を持っている」クライエント (p.35) に向いており、「あくまでも自分の問題ではない、あるいは問題はセラピストが解決するべきだ、と主張する人は、このアプローチは向いていない。また、内面に目を向けることができず、どのように問いかけても現実外界に問題を還元する人は、このアプローチの方向に姿勢を向けることが難しい」(p.36) と述べている。このような者たちの特徴は、他者イメージとの関連ではどのように考えられるであろうか。

すでに述べてきたように、心理療法において、クライエントが外界の他者について語ることは非常に一般的なことである。「傷つくような出来事があった」「こんな嫌なことをされた」「こんなにひどい環境にいる」といった語りが繰り返される場合も珍しいことではない。ただ、その場合にも、たとえば、ある女性の振る舞いに対する嫌悪感について話しているうちに、「私の親も、その女性と似ている」とか、「私も、同じような振る舞いをしたくなることがある」という話につながっていったり、対比的に「私は、その女性とは違って……」と自分の話になったりというように、クライエントにとって、意味深い連想が生まれてくることがある。そうすると、その連想をもとに、クライエントの語っていたことの奥にある悩みのテーマや向き合うべき葛藤が、クライエント・セラピスト双方にとって明らかになってくることも多い。

　このような現象を考えると、クライエントが、何らかの悩みや困難に向き合い、それに伴って想像されてきた他者イメージをめぐってどのような連想がなされるかという観点から、心理療法の深まりにくいクライエントのあり方に迫ることができるように思われる。

　以下から本章では、他者のイメージが連想的に他の像と結びつく仕方にどのようなものがあるかを調べた上で、現代的なあり方の特徴を探っていく。現代的な意識のあり方を示す指標として解離傾向を取り上げ、他者のイメージとして表現された第2人物をめぐる調査協力者の連想との関連から検討していきたい。

2. 調査の方法

　調査方法は第3章と同一である。次節で詳述するが、本章では、4枚の図版のTAT物語に対する調査協力者の感想と、解離体験尺度（DES）のデータを取り上げる。

3. 調査データの分析

(1) 第2人物に対する連想の分析カテゴリーの作成

　本研究の調査の手続き上は、すべての図版についてTATの実施が終わった後に「全体の感想」と「二つ目の物語に関する感想」を尋ねている。その中から調査協力者が第2人物についての感想や連想を述べた記述を抽出して分析した。分析においては、KJ法におけるグループ分けの手法を用いた。手続きは、川喜田 (1970) を参照し、難波 (2005) に準じた手順で、すべて筆者一人で行った。まず、課題終了後に語られた感想の中から、調査協力者にとって第2人物がどのような人物かを述べた箇所を抜き出した。次に、それぞれの記述にその内容を表すラベルをつけた後、それぞれの記述をカード化した。次に、類似したラベルをまとめてセットを作っていった。それが7割程度進んだところで併行して、集まったセットの内容を凝縮して示す表札を作って留めていった。グループ化しにくいものは、無理にまとめずに残すよう留意した。具体的には、第2人物のあり方に対して「自分も同じ」「今の自分を重ねる」といったラベルからなる〈自身との重なり〉というセットと、「自分が第2人物と同じ立場であれば、そうする」というラベルを含む〈自身との予測的な重なり〉を述べたセットの類似を認め、(ア)《自身との重なり》というカテゴリーとしてまとめた。また、第2人物のあり方に対して「自分にないものをもっている」「羨む」「嫉妬する」といったラベルを (イ)《自身にない性質の所持》というカテゴリーとしてまとめた。調査協力者が「第2人物のようになりたい」「第2人物のようであるべき」というラベルを (ウ)《自身にとっての理想》というカテゴリーとしてまとめた。調査協力者が「第2人物のようになりたくない」というラベルが一つだけ見られた。それはきわめて少数ではあるが、臨床においてはクライエントが「なりたくない」人物像について語ることは少なくなく、その人物が心理療法のプロセスにおいて重要な意味をもつこともあるため、一つのカテゴリーとして扱い、(エ)《自身にとっての反理想》とした。調査協力者の親など家族との重なりを述

べる〈自身に対する家族の関わり〉というセットと、友人や先生など家族以外で調査協力者に対して関わる人物との重なりを述べる〈自身に対する周囲の人物の関わり〉というセットの類似を認め、(オ)《自身に向けられた他者の態度》というカテゴリーとしてまとめた。「伝聞した人物との重なり」「フィクション上の人物との重なり」や「芸能人との重なり」というラベルを(カ)《直接関係がない他者との重なり》というカテゴリーとしてまとめた。各カテゴリー名とその内容を［表6-1］に示す。

　カテゴリーへの分類に関する評定者間信頼性を確認するため、乱数を用いてランダムに選んだ20の感想の記述に対して臨床心理士1名に上記の基準に基づいて評定を行うよう依頼した。一致率は95%であり、不一致箇所についても協議によって容易に一致した。以上から、ある程度十分な評定者間信頼性があると判断した。

(2) DES高低群における差の検討

　前節で作成したカテゴリーに当てはまる記述の有無について、解離的な傾向の強い者とそうでない者とのあいだでの比較を行うにあたって、まずDESの得点に従って、DES高群と低群に調査協力者を二分した。その具体

［表6-1］　連想の分析カテゴリー

(ア)	自身との重なり	第2人物に対して「自分も同じ」「今の自分を重ねる」と過去と現在の自分と共通することを述べた記述や「自分が第2人物と同じ立場であれば、そうする」と予測的に自身との重なりを述べた記述。
(イ)	自身にない性質の所持	「自分にないものをもっている」「羨む」「嫉妬する」など、自身にはない性質を第2人物がもっているとする記述。
(ウ)	自身にとっての理想	「第2人物のようになりたい」「第2人物のようであるべき」など、第2人物を理想像として述べる記述。
(エ)	自身にとっての反理想	「第2人物のようになりたくない」など、第2人物を反理想的な像として述べる記述。
(オ)	自身に向けられた他者の態度	自身に対して関わっている、あるいは過去に関わってきた人物の関わりのイメージが重なっているとする記述。
(カ)	直接関係がない他者との重なり	伝聞した人物やフィクション上の人物、芸能人など、自身に直接は関わっていない人物と重なっているとする記述。

[表6-2] 各カテゴリーの度数

		度数 低群	度数 高群	全体	
(ア)	自身との重なり	8	3	11	n.s.
(イ)	自身にない性質の所持	3	1	4	n.s.
(ウ)	自身にとっての理想	2	1	3	n.s.
(エ)	自身にとっての反理想	1	0	1	n.s.
(オ)	自身に向けられた他者の態度	10	9	19	n.s.
(カ)	直接関係がない他者との重なり	4	3	7	n.s.

[表6-3] 上位カテゴリーの度数

	低群	度数 高群	全体	
自身との関連への言及	14 ↑	5 ↓	19	*
他者との関連への言及	14	12	7	n.s.

*p<.05

的手続きとしては、DESの合計得点の中央値を基準として、調査協力者94名を均等に2群に分けた。中央値は16.0（SD=12.7）であり、DESが16.0以下の47名が低群、以上の47名が高群となった。

次に、DES高低群別に、連想の各カテゴリーの度数を算出した。それぞれの度数を［表6-2］に示す[*16]。次に高群と低群の度数の比率の差をフィッシャーの直接法を用いて分析したところ、いずれのカテゴリーについても有意な差は見られなかった。そこで（ア）〜（エ）を《自身との関連への言及》、（オ）（カ）を《他者との関連への言及》としてまとめた上位カテゴリーを作り、合計の度数について高低群の比率の差をフィッシャーの直接法を用いて分析したところ、《自身との関連への言及》に関して5%水準で有意差が見られた（p=0.0381）［表6-3］。

4. 結果および考察

（1）第2人物をめぐる関連づけのバリエーションの検討

統計検定の結果の考察に入る前に、各カテゴリーについて、それぞれの関

連づけのあり方の意味を検討しておきたい。

(ア)自身との重なり

　第2人物に、調査協力者自身の性格や行動、考え方、感じ方などが表れているとする記述である。具体的には、自身の普段のあり方と共通点があるという記述のほか、第2人物の立場に立ったときには自分も同じようにするだろうと予測的に述べた記述も含まれる。一例として、調査協力者m11の図版3BMの反応を取り上げる［表6-4］。

［表6-4］　m11の図版3BMの反応

〔3BM-①〕この女の人は、大変な仕事が続いて、休む間もなく仕事をしなきゃならなくなって……完全には終わってないんですけど、あまりにも疲れて眠ってしまった状況だと思います。……しばらく休んで、完全に回復したわけじゃないけど、少しましになったら、また残った仕事を片づけるために……しんどいけど、頑張るんじゃないかと思います。

〔3BM-②〕この人に仕事を与えたのは経営者で。その会社は今すごく大変なときにあって、常にちゃんとやらないと経営自体があぶなくなりかねない。だから、雇っているこの人に対してもきつい仕事を回さざるを得なかった。…………多分今の仕事をやり終えたとしても、また大変な仕事を抱え込むことになると思います。…………社員に大変な思いをさせてすまないと思ってるんですけど、会社のためには仕方ないと思ってると思います。

【連想】
　どちらの登場人物も忙しい状況。今自分が忙しくて、発表前で

> 大変だけど準備が進まない状態で、そういうのが表れたのかと思う。二つ目の話については、自分自身がどんな大変な状況でもやることはやらなきゃいけないと思ってるからかと思う。

m11は、第1物語で「大変な仕事が続いて、休む間もなく」「あまりに疲れて眠ってしまった」という状況を設定し、「完全に回復したわけじゃないけど、少しましになったら、また残った仕事を片づけるために、しんどいけど頑張る」と語った。ここには、課せられたことに対して、追い立てられるように取り組むあり方が表れている。

そして、第2物語では、第1主人公に仕事をさせている人物の視点に立つ。「会社は今すごく大変なときにあって（中略）経営があぶなくなりかねないので、第1主人公に対してもきつい仕事を回さざるを得なかった」「会社のためには仕方ないと思ってる」という第2人物のイメージは、「きつい」という負担には共感的であるが、「会社」という全体のことを考えると「仕方がない」と仕事に追い込むようなイメージである。

それに対してm11は、発表の準備に追われて忙しい状況との重なりを述べ、第2人物については「どんな大変な状況でもやることはやらなきゃいけないと思ってるから」と述べ、現在の自分自身と関連づけた。第2人物に表れた他者イメージは、それは、第1主人公のイメージに投映されていた、追い立てられるようなあり方を作り出しているとも言えるし、そこから生み出されているとも言えるような、表裏一体のものである。このようなイメージは、時には、「今、先生からプレッシャーをかけられている」とか「親に、頑張らないといけないと教えられてきたから」といったように、外的な他者の表象と結びつけられることもある。それに比べれば、m11のように自分自身と類似しているという連想は、意識的に自分自身のものとして引き受けるような、関連づけのあり方と言えよう。これは、ある程度、本人が自分自身について意識している領域が大きい場合や、他者イメージが本人にとって自

我違和的ではない、自分のものとして受け入れやすい場合に起こりうる関連づけと考えられる。

(イ)自身にない性質の所持

羨望や嫉妬など、第2人物が、性格や行動、考え方、感じ方などにおいて調査協力者自身にはない性質をもっているとする記述であり、「自身と異なる」というよりも、「自身にはない」ということに重点がある。一例として調査協力者f04の図版2の反応を取り上げる［表6-5］。

［表6-5］　f04の図版2の反応

〔2-①〕この女の子（前景の女性）は学校に行く途中で、多分（後景の女性は）妊婦さんなんですけど、夫婦で畑仕事をしていると。で、自分は今勉学をやっているけれども、こういうのどかな生活、自分が妊娠して夫が働いてそれを眺めてるっていう平和な将来も自分にはあるのかなって思いながら道を歩いているという。……多分この少女は勉強して社会のためにやりたいって思ってて、結婚を将来にこう身近に感じている人ではなくて、まだ自分がどう生きていくかって自分を主体としたことを考えている時期で……心から幸せな将来っていうのをあんまり描けてない時期なんじゃないかと。

〔2-②〕この妊婦さん。この人は今妊娠しているから働けないけれども、夫が働いてるところを眺めてる。すごく幸せだなーとしみじみ感じている。一生懸命働いてくれてるのを、身近に眺めていられるっていう。…………家に帰ったら、こう一生懸命夕飯の準備したり、産まれてくる赤ちゃんのために縫い物したり、準備したり、すごく心豊かにいろんなことができてるんじゃないかな

> と。
>
> 【連想】
> （第2人物について）自分は農家でのんびりというのはやったことはないし、いいなと思っていた。

　第1物語は、「勉強して社会のためにやりたい」と考えて「自分を主体とした」人生を歩もうとしている第1主人公の女性が、畑仕事をしている夫を見守る妊婦を眺めて「自分が妊娠して夫が働いてそれを眺めてるっていう平和な将来も自分にはあるのかな」と思っているという物語であった。ここでは、個人として技術を身につけて社会で働いていくことを選ぼうとする一方、その背後で、誰かと家庭を築くような生き方への思いが揺らぎを生じさせている。

　そして、第2物語は、妊婦の視点に同一化し、夫が働いているのを身近に眺め、夕飯の準備をしたり生まれてくる赤ちゃんのために準備をしたりして「すごく幸せだなーとしみじみ感じている」という話を作った。ここには、女性の生き方として第1主人公と対照的な関わり方が表れている。

　f04は感想では、第2人物について「自分は農家でのんびりというのはやったことはないし、いいなと思っていた」と語ったが、ここで「いいな」と述べたのは、おそらく文字通り農家で暮らすことに対してではなく、結婚や出産を通じて家族を作って暮らしていくことに幸せを感じるような生き方に対してであるように思われる。f04は時期的に大学卒業と就職を控えており、そのような彼女にとっては第2人物のイメージは今の自分の生き方からは疎遠に感じられるものであったのだろう。

　妻として母として夫や子どもと支え合いながら生きることに対して「すごく幸せだなーとしみじみ感じ」るようなイメージをかなり具体的に表現できているということは、それが確かにf04自身が体験しうる心の動きであるこ

とを示している。しかし、それが、自分自身のものではなくて、遠くにあるものとして受け取られているのが、この関連づけの特徴である。

　ただ、逆に言えば、遠いと感じられている一方で、自分からの遠さとして体験している点では、自分を軸として自分との関連で捉えているとも言えるだろう。

(ウ)自身にとっての理想

　「第2人物のようであるべき」「第2人物のようになりたい」など、第2人物を理想像とするような記述である。例として調査協力者m01の図版1の反応を挙げる［表6-6］。

[表6-6]　m01の図版1の反応

〔1-①〕この子の父親はプロのバイオリニストをやっていて、お父さんが公演のときに使うバイオリンを遊んでて壊しちゃって、でも公演が間近に迫ってて、で、どうしようってものすごい悩んでいる場面かな、と思います。……多分この子は素直に謝って許してもらえて、その公演も業者さんやお父さんの知り合いに助けを求めて乗り切って、この子も気持ちがすっきりして、みたいな感じかなと。

〔1-②〕父親は、息子が壊したことは、いけない行為だと思うけど、素直にちゃんと謝ってくれたことで、自分の育て方はよかったなと思って、ワシントンの逸話みたいに、寛大な心で許した。もし最後まで隠し通したら、そのことに対しては多分怒っていたと思う。

> 【連想】
> 第2人物のように自分もちゃんと正しい道に導けるようになりたいという憧れがある。

　第1物語は少年が、父親のバイオリンを壊してしまい「ものすごい悩んでいる」が「素直に謝って許してもらえ」るという話である。謝った後の「許してもらえて（中略）乗り切って、この子も気持ちがすっきりして」という展開には、m01が、謝るということに対して、それによって事態がすんなりと解決するようなイメージを抱いていることがうかがえる。

　第2物語は、「いけない行為だと思うけど、素直にちゃんと謝ってくれたことで、自分の育て方はよかったなと思って（中略）許した」という話であり、「もし最後まで隠し通したら（中略）怒っていた」という語りからもわかる通り、罪は告白し謝るべきであるとする倫理観が表れている。感想では「第2人物のように自分もちゃんと正しい道に導けるようになりたいという憧れがある」と述べており、その他者イメージを自身の理想とするモデルのように捉えている。この「憧れ」という言葉は、自分はまだそれに値しないという遠さのニュアンスがある。

　特にm01は、「ワシントンの逸話」[*17]という偉人の逸話をもってくることや、バイオリンを少年ではなく父の所有物とする（しかも少年が触って壊してしまう）イメージから考えるに、偉大な憧れと、卑小ながら理想を目指す自分という構図で世界を体験しやすいパーソナリティであると想像される。「憧れ」という表現が出るのには、m01の個人的な人格の要因もあるであろうが、「憧れ」とまではいかなくても、一般に「理想的なもの」とは、必ずしも理想通りにはいかないことを前提としたイメージである。ある他者イメージを、自分にとっての理想として体験するとき、そのイメージと自分とのあいだには差異があると同時に、同一化して自分の行動を方向づけている点では半ば自分自身でもあるように思われる。

第6章　他者イメージをめぐる連想からの検討　143

(エ) 自身にとっての反理想

「第2人物のような人になりたくない」という記述である。該当する記述を与えたのは、調査協力者f10の図版13MFの反応である [表6-7]。

[表6-7]　f10の図版13MFの反応

〔13MF-①〕この女の人と男の人は結婚していますが、最近あまり仲良くなくて、男の人はこれから会社に行こうとしているけど、女の人はまだ寝たままです。で、この人は、眠い目をこすりながら一人で会社に行きます……。新婚さんだったら一緒に起きて見送ってあげると思う。勝手にどうぞって感じがした。

〔13MF-②〕この奥さんは結婚生活以外のところに自分の楽しみを見いだしていて、多分趣味とか？好きなことがあるので、多分旦那さんは心の支えというよりは経済面での支えになっている気がします。

【連想】
私はこういう人（第2人物）にはなりたくないなと思いました。この二人のあいだには子どもがいるけど、おっきくなって出てしまったのかなと思いました。私は、子どもだけをかわいがるのではなく、夫とも結婚する前みたいにずっと友達のような感じで仲良くしたい。

第1物語は、冷め切った夫婦の夫の男性が、妻に見送ってもらえず会社に行くという話であり、「一人で会社に」という孤独さを描いている。第2物語は、妻が「結婚生活以外のところに自分の楽しみを見いだし」、夫を「心の支

えというよりは経済面での支え」としているという話であり、結婚しているにもかかわらず夫と精神的なつながりをもたないというイメージが表れている。感想では「こういう人にはなりたくない」「子どもだけをかわいがるのではなく、夫とも結婚する前みたいにずっと友達のような感じで仲良くしたい」と述べており、第2人物のイメージは、f10からすると、自分がそのようになることを強く拒否したい人物のようである。一方で、鈴木（1997, p.19）が「自発的に思い浮かべられる状況とは、その人にとって心理的距離が小さい状況、親しい状況」であると述べるように、f10の語った夫婦関係は、「ありうること」として彼女の心に刻まれているものであると考えられる。そして、そこには、自身が妻という立場になったときに、同じようになるかもしれないという恐れのような感情も伴っているように思われる。

　このように他者イメージが「（自分がそのように）なりたくない」イメージとして受け取られる場合は、自分の所有する性質としては認めたくないという感情と同時に、自分自身が潜在的にはそうである、あるいは、そうなりうるかもしれない可能性に対する恐れや不安が含まれていることも多いように思われる。

　（オ）自身に向けられた他者の態度
　親、恋人、友人などの調査協力者の周囲の人物が関わってきた際の態度と重なっているとする記述である。ほぼすべての記述で、第1主人公に調査協力者自身が重なっているとされ、自身の過去の具体的な体験が語られることが多かった。例として調査協力者f24の図版1の反応を取り上げる［表6-8］。

[表6-8]　f24の図版1の反応

〔1-①〕男の子がバイオリンの練習をしなさいって言われてるんだけど、やりたくないなーって思って、嫌そうにバイオリンを見つめているところです。この後、お母さんに怒られてやらされる

ことになると思います。

〔1-②〕主人公のお母さんは、この男の子をバイオリン教室に通わせてるんですけど、男の子は嫌がってなかなか練習してくれない。このお母さんもバイオリンをやってたことがある人で、一時期やっぱり嫌になる時期があるんだけど、そこを頑張って弾けるようになるとすごく楽しいから、なんとかやってくれないかなーと思いながら、やきもきして見ているという感じです。

【連想】
自分は小さい頃からピアノをやってて、一時期やりたくなかったことがあって、お母さんに怒られてやっていた。そのときは嫌だったけど、今は自分の好きな曲を簡単に弾けるから、頑張ってよかったなと思う。

第1物語は、「しなさい」と言われたバイオリンに対して、「やりたくない」と思うが、母に「怒られてやらされることになる」という話であり、ここには、嫌がりながらも外部から課されたことに従ってしまうあり方が表れている。第2物語は、嫌がる第1主人公に対して、「嫌になる時期」があっても、「そこを頑張って弾けるようになるとすごく楽しいから、なんとかやってくれないかな」と思っているという話であり、第2人物には、嫌でやりたくないという気持ちを我慢して乗り越えるのをよしとするような他者イメージが表れている。

連想では、第1主人公は子どもの頃のf24自身と重なっており、そして、第2人物は自身に対する母親の関わり方と重なると述べた。一方で、「そのときは嫌だったけど、でも今は自分の好きな曲を簡単に弾けるから、頑張ってよかったな」と述べることからは、「一時的に嫌でもやめずに続けた方が

いい」という考え方はf24自身のものにもなっていることがうかがえる。それは、第1主人公のイメージのように、課されたことに嫌がりながらも従うあり方と表裏一体のものでもある。

　このような他者イメージが、周囲の他者と連想的に関連づけられて、たとえば「自分もこんな考え方」と（ア）のm11のように直接自分自身と関連づけられるのではないことには、それなりの意味があるであろう。自身の心の内にある感じ方や考え方でありながら、本人の意識からすると「自分の」という感覚に乏しく、自分より外的な他者の表象と結びついて体験されやすい場合に、このような関連づけがなされると考えられる。

（カ）直接関係がない他者との重なり

　第2人物に、会ったことのない人物や、フィクションの中の登場人物といった、自身とは直接の関わりがない他者のイメージが重ねられているとする記述である。一例としてf10の図版2の反応を取り上げる［表6-9］。

[表6-9]　f10の図版2の反応

　〔2-①〕この女の子（前景）は農作業とかよりも本を読んだり勉強することに興味があって、これから先も大学とかに進んで勉強したいと思っているけど、家は裕福な方じゃないので親は農作業を手伝って欲しいと思っています。……これから、この子は進学したいという意志をあきらめて、家の手伝いをすることになるけど、何年後かに、やっぱりあきらめきれなくて勉強を始めると思います。

　〔2-②〕この子のお母さんを主人公にします。実はお父さんと再婚していて、この子は本当の子どもじゃなくて、お父さんの連れ子であんまりよく思っていないので、どうしてそんなに本ばっか

り読んでいるのと言いつつ、この子のことを最後まで認められないままでいて。この子の継母は全然作業を手伝ってなくて、お父さんばっかりに働かせている感じがします。

【連想】
　継母は、シンデレラの継母によく似ている。物語ではシンデレラが働かされるけど、今回は、シンデレラが旦那さんに変わった感じ。

　第1物語は、進学したい女の子と、家の農作業を手伝って欲しい親と対立の中で「この子は進学したいという意志をあきらめて、家の手伝いをすることになるけど、何年後かに、やっぱりあきらめきれなくて勉強を始める」という話であり、親から求められるものと自分の意志とのあいだを揺れ動く関わり方が表れている。

　第2物語は、第1物語で「親」として語られていた存在が、お母さんとして明確化され、さらに「継母」と設定され、第1主人公のことを「よく思っていないので」批判的な態度をとりつつ「最後まで認められないまま」で、さらには「お父さんばっかりに働かせている」とかなり否定的な人物像として描かれており、ここには、他人の意志を認めない支配的な関わり方が表れている。

　感想では、「シンデレラの継母によく似ている。（中略）シンデレラが旦那さんに変わった感じ」と述べた。河合（1977）によれば、継母とは母性の否定的な側面を背負い込まされたイメージである。子どもを抱え込んで自立を妨げるのは、すべての母が普遍的にもつ否定的な側面でありながら、人々はそれを意識的に受け入れがたいために、そのようなことは継母のすることとして昔話では語られるようになったという。f10の語った第2人物のイメージも、相当に冷酷で容赦のない支配的なものである度合いが強いがゆえに、

日常で実際に自身に関わってきた誰かとの関連よりも、「シンデレラの継母」というフィクション上の人物の方が連想的に結びつきやすかったのかもしれない。

　ある他者イメージが、直接関わりがない人物との重なりが述べられる場合、身近な表象と結びつく（オ）よりもさらに遠いイメージとして位置づけられていると言えるだろう。また、それがどこか日常性を超えたものとして体験されている場合にも、フィクションや非現実の人物と結びついて体験されると考えられる。

（2）他者イメージの遊離

　解離傾向の高い者と低い者とで比較を行ったところ、連想の関連づけの仕方の各カテゴリーの出現頻度と、（オ）（カ）をまとめた《他者との関連への言及》の出現頻度では有意な差は見られなかった。一方、（ア）～（エ）をまとめた《自身との関連への言及》カテゴリーでは、解離高群で度数が有意に低かった。この結果で興味深いのは、解離的な傾向の高い者が、他者イメージについて、自分自身との関連で連想することが少ない点である。

　他者イメージは、本人が想像的に生み出しているイメージであり、そこには何らかの形で自分自身の心の内にある心の動きが投影されているはずである。そのようなイメージに対して、「私もそうだな」とか「あんな私にはなりたくないな」といったように、自分自身と関連した連想が生じることは、その他者イメージを鏡とする形で、自分自身の姿の一面に出会うことを可能にすると考えられる。他者イメージについて語ること、あるいは、そのような他者イメージが重ねられた誰かについて語ることよって間接的に「私」が表れているということを、本人が意識的にキャッチしているということになる。一方で、それが常に外的な「誰かのこと」としてしか体験されなかったり、単にTAT物語上の人物としてしか体験されないとき、その他者イメージについて表現し語ることは、「私」の心の形を確かめるような内省的な機能をもちにくいであろう。

解離的な者において、他者イメージから自分自身と結びついた連想が生じにくいという傾向があることは、「私」と「他者イメージ」が切れているためと考えられるかもしれない。ただ、もう一つの可能性を考えておく必要があるように思われる。W・ジェイムズによれば、「私」の像とは「人が我が物と呼び得るすべてのものの総和」(James, 1892, p.246)であり、自身と関連づけられたものの複合体である。ジェイムズは、「我が物」としか述べていないが、逆に「私とはまったく正反対のものだ」という否定の形での自己関連づけであっても、それは「私」が何ものであるかという像を形作る要素となる。このように考えると、「私にとっての何か」として関連づける働きの弱さは、「私」の不確かさの表れとして捉えることもできよう。解離性障害においては自己像が断片化しているとされる(Lerner, 1998)ことを踏まえると、「私」と「他者イメージ」の関係が切れていると解釈するよりも、「私」の不確かさゆえに、連想という紐を結びつけるポイントをもっていないと解釈した方が適切ではないかと思われる。

　自身の心の一部を担ったイメージであるのに、ただ外的な表象と結びついていくならば、そのイメージは自己感覚を帯びず、「私」を形作る要素としては手元に残らない。遊離した他者イメージは、風船のように舞い上がっては流れていくしかない。そして、それがまた循環的に、自己感覚の希薄さへとつながっていくのかもしれない。

　本章での検討を踏まえ、次章では、悩んでいることを自分の言葉で説明することができず、他者について語るばかりであったクライエントを取り上げて、その心理療法過程について検討したい。

第7章

散逸する「私」
周囲への批判を語り続ける女性との面接

1. 本章の目的

　本章で取り上げるのは、直接自分自身の苦しみを話すことが難しかった女性のクライエントである。面接当初、外的な他者の話題がセッションのほとんどの時間を占め、筆者が彼女自身の思いに水を向けようとしても、クライエントは内面に注意を向けて気持ちを探索していく態度を維持することが難しかった。外的な他者の話題をイメージとして受け取れば、その中には彼女本人にとって意味のある性質が投影されているように思えるのだが、それは「私」と結びつけられていかなかった。この事例を取り上げて検討することで、他者イメージが遊離したあり方に対する心理療法のポイントについて考察したい。

2. 事例2の概要

　クライエントは大学生の女性である。家族と同居している。大学の新入生ガイダンスで学生相談室の案内がなされて間もない頃に、クライエントからの申し込みがあり、筆者が担当することになる。面接は基本的に週1回50分で、料金は無料であった。X年4月から、筆者の退職によるX＋2年3月

第7章　散逸する「私」　151

の終結まで36回（X＋1年5月からX＋2年1月まで休止）の面接を取り上げる。以下クライエントの発言を「　」、セラピストの発言を〈　〉で記載する。

(1) 繰り返される友人批判（#1～13　X年4～9月）

#1　素朴な服装で来談。挨拶するときも目線を落としたままで目が合わない。クライエントは工芸品を作るアルバイトをしていると話し、そこでの同僚の女性Gについて「作業が雑で、Gの作ったものは商品として出せないくらいの出来」「しゃべってばかりで手が動いていない」など批判を語る。Gは小中高とずっと同じ学校に通っていた友人で、以前からいらいらすることはあったとのこと。クライエントはぼそぼそとした口調でGの批判を語り続けるのだが、Gに働きかけられて困っているという話も、Gにどう言ったらいいのかという話も話題にならず、どうもGとの接し方に悩んでいるといった様子ではない。セラピストが来談動機を尋ねると「5月病になる前に来ようと思って」〈相談することで、どういう風になりたい？〉と尋ねると「バイト先の社長には、大人になれって言われるけど」と社長の言葉を答える。〈どう思う？〉「無理。言っても言っても（不満が）出てくる」。週に1回のペースで来談することになる。

#2～7　Gの批判は続き、#13まで他者の批判が面接時間のほとんどを占める。クライエントのバイト先では勤務時間は固定されておらず、働いた時間に応じて給与が支払われる仕組みであるが、「Gは来たいときだけ来る。帰りたくなったら帰る」「Gは小遣い稼ぎのつもりでバイトをしている」と批判する。「面倒という理由で、ピンセットを使うべき作業を手でやる」など仕事上の批判が多いが、「『つらい』とか『大変』とかばっかり言っている。自分が一番目立っていたいから」「他の人の意見にのっかったり、他の人の意見を否定したりするだけで、自分の意見は言わない」と1回の面接中でも批判の内容はどんどん移り、拡散していく。セラピストは、そのような厳しさをクライエントが自らにも向けているであろうことを思い、#3で〈○○（クライエント）さんは、いろいろな気持ちを抑えて頑張っているのでは。だから、

好き放題にしているGを見ると……〉と伝えると「無理……ありえない」と涙ぐむ。が、少しの沈黙の後、またGの批判を始める。#4～7ではセラピストに口を挟ませない勢いで批判を語る。#3のようにセラピストがクライエント自身のつらさに焦点を当てる言葉を返しても、クライエントはすぐにGの批判に話を戻すことが続く。

#8　昔からの同級生で同じバイト先の同性の友人Hについて「わがままで子ども」「仕事中にため息をよくついている。心配されたがり」「話しかけて欲しそう」と批判的に語る。セラピストがクライエントのつらさではなくて、"しっかりやろうという思いが強い"面に焦点を当てると、クライエントは「心理学の授業でエゴグラムをした。A (adult) と FC (free child) がすごく低くて、CP (critical parent) と AC (adapted child) が高かった」と話し出す。セラピストが〈自由に動くのではなく、ルールに合わせているよう〉と伝えると「かたいと言えます」とレポートの記述のように述べた後、自分自身ではなく両親のかたさについて話しはじめる。「お母さんはかたくて、冗談を言ったらマジギレされた。お父さんは、言い聞かせるように言ってくる。大学の合格が決まったとき、高校の出席日数が良くなかったことで『大学決まったからといって高校休んでいいわけじゃないでしょ?』と言われた。大学決まってからは一度も休んでなかったけど、高校をよく休んでいたのは事実だし、何も言えなかった」。クライエントはしんみりとした様子で語っていたが、〈思ったことも言えずにやってきた…つらかったところもあるのでは?〉というセラピストの言葉に「いや…」とつぶやき、すぐに「Hは…」と批判を始める。

#9～13　相変わらず他者の批判が面接時間の大半を占めるものの、「昼食代100円以内を心がけているのにお菓子を買ってしまった」「今日、授業を休んでしまった」(#9)「友達との旅行の途中で体調を崩して友達に迷惑をかけた」(#12)と時々自分自身を責めることがある。授業を休んだことについて理由を尋ねると「身体が疲れていて、課題も溜まっていたから余計に行く気がしなくて」と話し、涙を流す。〈そういう状況であれば行く気がしな

い気持ちになるのも自然では〉とセラピストが伝えても「また課題が溜まってしまう。自分が悪い。人には厳しいくせに自分には甘い」と自分を責め続ける。クライエントの自己批判はいったん始まると、言い訳の余地もないほど厳しく、セラピストがクライエントの疲れや事情を尊重する言葉をかけても反論されるだけであった。

　Hに対する批判は、「Hは、他の人が元気づけても、ずっと『私って、頑張ってるって認められてないのかな』と言い続けて、めんどくさい」という話。また、昔からの同級生で同じバイト先の同性の友人Iに対し、反論の余地もない厳しい批判を語り、#11にはクライエントは女性的な服装でお化粧をし、面接に数分遅刻してきて、「Iが、服を買っていて平気で待ち合わせに遅刻した」と批判をする。

　これまでの面接での様子からセラピストは、友人批判を聴き続けるだけでは面接が展開していかないように感じていたが、かといって、クライエントが自身の感じているつらさに目を向けて受け止めることは難しく、さらにいったん自身について意識してしまうと過剰な自己批判になってしまうことに難しさを感じていた。

(2) TAT図版の上に紡がれる語り (#14～19　X年9～10月)

　#14　セラピストはTATによって、クライエントが自分自身についてあまり意識せずに語ることができるのではないかと考えた。図版は、ゆっくり語っても1回の面接に収まるよう4枚とし、クライエントの抱えるテーマに留意しながら、青年期の女性が同一化しやすい人物が描かれたものを選んだ。クライエントは抵抗なく課題に応じ、時折沈黙して考えながら少しずつ語った。セラピストは適度に相づちを打ったり復唱したりしながらクライエントの語りに耳を傾けた。

図版1

〔1-①〕弾けなくて悩んでいる。うまく楽譜に沿って弾けない。いっぱい練習はしたけど弾けなくて。

〔1-②〕お母さんは、悩んでいる暇があったら練習したらいいのにと思っている。そんな時間があったら練習できる、と。この子が頑張って練習してるのも見ていない。だから練習が足りない、もっとしなさいと思っている。バイオリンも教えられないし、自分で頑張れ、と思っている。言うだけ。結果しか見てない。

図版3BM

〔3BM-①〕すごく疲れているのに、やらないといけないことが沢山ある。家事や洗濯。動きたくない。寝てたい。でもやらないと、とぐるぐると考えている。もうすぐ旦那が帰ってくる。そのときまでに食事を作らないといけない。旦那は、俺は疲れて帰ってきてるのに、なぜできてないんだと言うような人。子どもの世話でも疲れている。子どもも旦那も寝てからやっと一人の時間。でも夜更かしもできない。次の日起きないといけないから。

〔3BM-②〕旦那はこの人が疲れていることも気づかない。自分の方が疲れていると思っているから。俺が稼いでるのに、俺が仕事をしてきたのに、なぜこいつはご飯を作らないんだと思っている。自分のことしか考えていない。

図版9GF（走っていく女性を、もう一人の女性が木の陰から見ている）

〔9GF-①〕盗み見している。なんであの人あんなに走ってるんやろう、女性なのにみっともないと、上の女性が、下で走っている女性を見ている。背中が空いた服を着て、ばたばたと走っているなんて、はしたないと思っている。

〔9GF-②〕その光景を見ている人が、なんで、あの人隠れてのぞいてるんやろうと思っている。陰に隠れて見ているのも卑怯だと思っている。

図版2
〔2-①〕この子（前景の女性）は帰り道。まわりを全然見ていない。後ろに馬が二頭に増えても気づかないと思う。この子は頑張って勉強をしている。優秀な子。友達もいなくて勉強ばかり。親や先生の期待を受けて良い大学を目指している。本当は違うところに行きたいけど、親はなんでそんな低い大学に行くのと言うから。やりたいことができるのは違うところ。

〔2-②〕後ろのおばさん（後景の女性）。女の子はおばさんに気づいてないけど、おばさんはこの子が毎日通るのを見ている。本がもっと多い日もある。日によって本が変わっていることも気づいている。大変だなと思っている。友達がいないのも知ってる。おばさんが前に一回話しかけたことがある。財布を落としたのを拾ってあげて。でも、この子はありがとうも言わずに去っていった。この子はそれも覚えてない。

#15〜16　GやHが努力しないと批判するが、セラピストがクライエントのことに話を向けるとすんなりとクライエント自身の経験を話し出す。#15では、両親にはテストの点数が悪くても怒られず"自分の責任だ"とだけ言われてきたこと、父に英語の勉強を聞きにいったら"教科書に載ってるだろ"と言われたことを話し「そりゃ載ってるけど……」と涙をこぼす。クライエントが髪を切っても気づいてくれなかった父について「やっぱり気づいて欲しい」と語る。#16ではHの批判の話から「私は夢がない」という話に。「小6の文集で、フリーターになりたいと書いたら先生に怒られたから、

OLって書いた」〈なぜフリーターに?〉「働きたくなかった。働いてやめて遊んでというのがいいなと思っていた」。#15、16では自らの気持ちを落ち着いて語った後、他者の批判に転じることも自己批判に陥ることもなかった。#16の終わりにクライエントはTATについて「あれどうなりましたか?」と尋ねてくる。エゴグラムのように結果をもらえると思っているよう。セラピストはTAT物語の見なおしを予定していたわけではなかったが、〈話すことが大切と思ってしたけれど、見なおして○○さん（クライエント）について考えることもできる〉と伝えると「やりっ放しというのも嫌だし」と答えたため、次回からTAT物語を見なおすことになる。

#17〜19　セラピストは〈TAT物語にはその人らしさが表れている〉と説明した上で、セラピストがプリントアウトしたプロトコルと図版を二人で眺める。しかし、クライエントには、自分がなぜこのような物語を作ったのか、あるいは物語に自分の何が反映されているのかと考える姿勢は見られず、クライエント自身が作った物語というよりも、まるで既存の物語に接するような態度である。セラピストが自分自身との関連で何かを思うことがあるかと尋ねると、「ピアノを習っていました。バイオリンじゃないけど」と、外的な類似点を答える。そのほかには思いつかないよう。1-①、1-②についてセラピストが〈男の子は頑張っているのにお母さんは見ていないね〉と言うと「このお母さん嫌い。でも、世の中、努力しても結果しか認められない」と語る。しかし、〈○○（クライエント）さんのそういうイメージが、ここに表れているのかな〉とセラピストがクライエント自身の見方として伝えた途端、「私も結果主義に考えてしまう。駄目だな」と急に自己批判になる。そのため、セラピストはクライエントのこととして意識化させず、登場人物の特徴を指摘するにとどめ、クライエントの連想の流れについていくことにする。3BM-①、3BM-②をセラピストが復唱すると、それを自己像として意識する様子はないが、クライエントは過去の経験を語り出す。「お腹が痛いと言ったら、友達に『私の方が痛い』と言われた。私の方が痛いかもしれないじゃない。アピールした方が痛いの?」「小学校のとき、筆箱を隠された

ショックで学校を2日休んだけど、次の日、親にひきずっていかれた。卒業文集で『あの人（筆箱を隠した子）と一緒のクラスなのが嫌だった』と書いたら先生に怒られて、別の子について『クラスが一緒で良かった』と書きなおした。本当の気持ちを認められなかったのはつらかったな……」と涙ながらに話す (#17)。9GF-①、9GF-②については終始、友人の批判を語る (#18)。2-①については「まわりが見えてないのは私みたい」と話す。〈どういうところが？〉と尋ねるが「わからない」と、それ以上には深まらない。2-②については「いい人。細かいことにこだわらない。バイト先のおばさんにいる」と話す (#19)。

(3) 自分の気持ちに沿い、葛藤を抱える
(#20〜33 X年11月〜X＋1年4月および#34〜36 X＋2年2〜3月)

#20〜33 この頃より他者の批判が急激に少なくなり、友達から借りたアニメのDVDを見て感動して泣いたことなど、日々の楽しかったことを語るようになる。批判を語るときも、バイト先の人の車に乗せてもらったらスピードを出し過ぎていたことを「違反」と批判する合間に「怖かった」と素直な感情を語ったりする。友人関係では、G、H、Iに毒気のある冗談を言ったりするようになり、大学で新しく知り合った友人と関わりも増える。食事に行ったときに友人が他の人と同じメニューを重なって注文するのが理解できないという話では、「違うメニューを頼んだ方が分け合えるかもしれないって、私が思っているから気になるのかな」と自らの見方を相対化して語る。

#26の頃には、趣味を優先してバイトの時間を主体的に減らすようになり、「けど、趣味のためにはお金も欲しいからバイトしないといけないし」と悩む。また、父親と母親にも教えてもらいながらパン作りを始め、#28には職場にケーキを焼いていき、「すごくアピールしました」「褒められた」と嬉しそうに話す。#29以降、クライエントは恋人持ちの男性を好きになったと話す。「いけない」と思う気持ちをクライエントは自ら「モラルさん」と呼

び、「(モラルさんは) もともといいやつなんだけど、今は邪魔」と言いつつ、バイト先のおばさんに恋愛相談しながら、恋心と「モラルさん」とのあいだで揺れるが、あきらめる方向で終息していく (〜#32)。語りが様々な話題に移っていく点は相変わらずだが、この頃には、来談当初のかたさは和らぎ、そのときの自然な気持ちに沿った言動が増えていた。

　新年度から筆者の面接枠の都合でクライエントとの面接時間が変更となるが、クライエントは4月に一度来談して「先輩になったのでしっかりしないといけないというプレッシャー」を語った (#33) 後、来談が途絶える。6月に筆者から、特に悩みがなくてもいつでも来てもよいという旨の手紙を出す。

　#34〜36　X＋2年の2月、クライエントは予約をとって再来談する。3回生になると専攻に進むことになるが、自分がまわりの人と違ってあまりやる気が出ないこと、もともと今の大学も家に近いから選んだだけで、学科も消去法的に選んできたことを話す。以前に比べて悩みの内容が明確で、他の人と比較して自分自身について悩むようになっていた。3回の面接の後、年度末のセラピストの退職に伴い、終結となる。

3. 考察

(1) 他者の中に散逸した「私」

　まず、経過から見えるクライエントの苦しさについて検討した後、心理療法の展開しにくさの要因について考察していく。クライエントは、筆者が来談動機を尋ねると、「大人になれと言われる」と社長の言葉を答えた。それはクライエントの外からやってきた言葉とはいえ、来談動機の問いかけに対して出てきたものなのだから、この言葉は彼女の主訴を考える上で重要な意味をもっていたと考えられよう。それに対して「無理」と述べたことからすると、「大人」であらねばらないと感じている一方で「無理」と感じているところにクライエントの苦しさがあったと考えられる。エゴグラムでAが低く

CPが高かったことや、疲れて休む自分をも許せない (#9、#12) ことからも、義務や規範を必要以上に重んじる自分と、実際につらいと感じている自分との対立があったと推察される。他者イメージに注目しても同じことが言える。彼女の語った他者は、自らの気持ちに沿って振る舞っているとされることが多かった。このような他者イメージには、クライエントの心の奥にありながら「私」のこととしては認めることができない、「気持ちの通りに自由に振る舞いたい」欲求が重ねられていたと考えられる。このような他者イメージの話題が繰り返しなされること自体が、縛られずに自由に振る舞いたい気持ちにどう触れていくかがクライエントの心理療法のテーマであることを示唆していよう。この点では、異性への接近欲求という「内的な他者」を同級生の女性に投影して語り続けた第1章の河合の事例と似ている。

　ただ、第1章の事例では、他者について語るのと並行して、クライエントは自身の生き方を振り返っていった。それに対して、クライエントはただ友人の批判だけを延々と語り続けるばかりか、セラピストがクライエントのあり方に話題を向けると、クライエントは不自然にも思えるほど直ちに友人批判に話を移していくのであった。一般的に言うところの防衛的な「抵抗」なのであれば、自分自身のつらさを合理化するなり、躁的にポジティブな意味づけをするなり、強引ながら「覆い」をつけている印象を与えることが多い。それに対してクライエントの場合は、たとえば#8で、〈つらかったところもあるのでは?〉と言ったセラピストに対して「いや…」とだけつぶやいて友人批判の話になっていくという流れは、「覆い」と言えるほど練られた防衛とは言いがたいように思われる。

　また、第1章の河合の事例では、批判の対象となっている他者イメージは、化粧をしたり異性に関心を向けているような女性という点で、一貫していた。一方、クライエントの場合は、友人G、H、Iと移ろっていく上、バイトに「来たいときだり来る」「他の人の意見にのっかったり、他の人の意見を批判するだけで自分の意見は言わない」「『つらい』とか『大変』とかばかり言っている」「自分が一番目立っていたい」(以上、G)「他の人が元気づけて

も、ずっと『私って頑張ってるって認められてないのかな』と言い続けてめんどくさい」(H)「服を買っていて平気で待ち合わせに遅刻」(I)と話の内容も拡散していて、テーマに一貫性がない。

　これらの批判が現れた面接場面をもう少し細かく検討してみよう。#3でセラピストがクライエント自身の気持ちに焦点を当てると、クライエントは涙ぐむも、その後すぐにGの批判に転じ、それは数セッション続いた。#8で両親に対して思ったことを言えなかったエピソードを語ったときも〈つらかったのでは〉とクライエント自身の感情に焦点を当てられた途端Hの批判に転じた。ここで批判の対象となったGとHは、クライエントによれば「つらいとか大変とかばっかり言って」いたり(G)、「ため息ばかりついて心配されたがり」(H)であったりする人物であった。また#11で、女性的な服装で面接に遅刻してきたクライエントは、「服を買っていて平気で遅刻する」と、まさにその回のクライエント自身のあり方と同様の内容でIを批判した。ここでは、クライエントがその都度自身について意識した内容、すなわち、つらいと感じていることや、相談に来て話していること、心配して欲しいこと、約束に遅刻したことなどが、瞬時に他者のことに置き換わっている。このように、クライエントの他者批判の内容は、その都度の意識内容に依存しているところが大きい。このことは、クライエント自身が、一貫性のある「私」の像を有していないことを示唆している。河合の事例のように、「私」に組み込むことのできない像が一貫しているということは、すなわち「私」がある程度一貫しているからこそ起こりうることだからである。

　クライエントの場合、自分が何かを感じていることや考えていることが意識されるや否や、それが「私」のこととして保持されずに、直ちに外界のことに置き換わっている。これは、「内面」という心の内側の器が保たれず、その中身が外に散らばってしまっている事態として捉えられよう。このようなあり方では、自分自身の心の要素が自己感覚を伴って把握されない。それが続けば、自分がどのようなことを感じ考えて生きているのかという「私」のイメージが、まとまった像を結ぶことも困難になってくるであろう。クラ

イエントが面接時間のほとんどを他者批判に費やし、〈相談することで，どういう風になりたい？〉と尋ねても社長の言葉を答えた (#1) のは、心の要素を他者の表象に預けて語るしかなかったためであろう。しかも、感じていることをまとまった形で、自分自身の心の要素として溜めて保持する働きが維持されない以上、外側の表象に託した語りは自然に「私」へと収斂していくこともなく、ただの愚痴として放散していくしかなかったのだと考えられる。

(2) 型との関係を生きるあり方

前節では、義務や規範を重んじ「しなければならない」と考える自分と、気持ちに沿って振る舞いたい自分との対立があると述べた。しかし、それは厳密に考えると、二つの自分の葛藤と言ってよいのかは疑問である。このことについて#17の卒業文集のエピソードから考えてみたい。クライエントは、小学校の卒業文集に『あの人と一緒のクラスなのが嫌だった』と書いて、教師の指摘を受けた。それは卒業文集の内容ということを考えれば妥当な指摘であるが、#17で「本当の気持ちを認められなかったのはつらかったな」と涙ながらに語っていることからと、当時のみならず現在でも教師に制止されたことを「怒られた」「本当の気持ちを認められなかった」体験として捉えていることがわかる。クライエントは、教師の指摘を受けてなお、そして今もなお、教師の指摘から自身の振る舞いを省みていないようである。おそらくクライエントには他者の意図を読み取りがたい傾向があり、これまで受けた指摘や制止をただ叱責あるいは否定されたと受け取ることも多かったのではないかと考えられる。

だとすれば、クライエント自身が自身の言動を抑えようとする場合、それが相手からするとどのように受け取られ、どのような意味をもつような振る舞いであるのかについて、定まった内的なイメージをもった上で、抑えているわけではなかった可能性が高い。むしろ、それがどのように受け取られるのかはわからないままに、それでもルールに抵触して他者から制止されたり

怒られたり責められたりすることを恐れて抑えているのではないだろうか。クライエントの体験からすれば、「望ましくないと自分としては思う」ような「私」になってしまうことをめぐる葛藤ではなくて、「あるべき型から外れる」ことが問題になっていたと思われる。まさに「うまく楽譜に沿って弾けない」（1-①）というTAT物語の表す通り、クライエントは外的な規範やルールといった型との関係を生き、自分がそこから外れてしまうことに不全感を体験し自分を責めていたのではないかと考えられる。それが自分自身の「このような私でありたい」といった内なる理想や倫理のイメージによる、「私」としての自分と「もう一人の自分」との内的な葛藤なのであれば、他者批判のテーマはもう少し一貫するはずである。クライエントの場合は、「型」との関係を生きているために、型からはみ出た私的なものが関与していることはなんでも批判の対象になってしまっていたのであろう。また、「つらいとか大変とかばっかり言っている」や「遅刻する」という形で「私」個人に意識が向いてしまうと、そこで「型からはみ出ている」という過酷な自己批判が始まり、その負担を内面で抱えることができず、前述したような外界への散逸が起こっていたと考えられる。

　内的に「私」を定めることができない場合、自分を定めるためには外側の何かに頼らざるを得ない。しかし、そのような自己構成の仕方は、あらかじめ敷かれたレールを進むように、外側から沿うべき道を具体的に用意されている状況では問題になりにくいが、自分自身が主体的に判断して行動していかないといけない状況では、破綻をきたしやすい。はっきりとした唯一の指針を与えられるわけではない「大学」という環境は、クライエントのそれまでのあり方でやっていくには困難な状況であったのかもしれない。

(3) イメージを収斂させる仕掛け

　前述したように、クライエントは自分自身の苦しみについて直接的に語れるほど、まとまった形では把握できていなかったと思われる。それでも自主的に来談したのは、自分自身の抱えているつらさを漠然とではあるが確かに

第7章　散逸する「私」　163

感じ取っていたためであろう。ただ、彼女の言葉が否定されずに聴かれる場を得ただけでは、クライエントは自身の内面の苦しさの感じに触れて、その中身を確かめていくプロセスを歩むことは難しいようであった。

　一方、通常の語りと違って、TAT物語においては、クライエントの苦しさがまさに集約された形で語り出された。「弾けなくて悩んでいる。うまく楽譜に沿って弾けない」（1-①）や「すごく疲れているのに、やらないといけないことが沢山ある。家事や洗濯。動きたくない。寝てたい。でもやらないと、とぐるぐると考えている」（3BM-①）には、「楽譜」という型に沿わなければならないのに、そして義務や課題をしなければならないのにできないという不全感や苦しさがよく表れている。面接での語りでは、「疲れている」と感じた瞬間に他者の話に置き換わっていたため、不全感や苦しさのような形で語りえなかったが、TATでは、「やらないといけないことが沢山ある」といった文脈を付け加えながら、どのように苦しいのか、どれほど苦しいのか、その状況でどのように悩んでいるのかということを、ストーリーとしてまとまった形で語ることができていたのである。

　TATでそれが可能であったのは、一つには、図版という視覚的な手がかりがあるためと考えられる。TATでは提示された絵の刺激に空想を合わせることが要求され、空想の内容や形式は語り手に任される一方で、空想の文脈は絵に規定される（Henry, 1956）。図版1では80〜90％の語り手が悩みや悲しみ、不安といったネガティブな状態を人物に認め、図版3BMでは90％以上の者が心身の不調を認める（鈴木, 1997）ように、この二つの図版は語りの文脈を悩みや不調をめぐるテーマに強く規定し、その枠組みの中で語り手は、悩みや不調の内容、そして、それを主人公がどのように切り抜けていくかなどのイメージをめぐらせて語ることになる。すなわち、図版1や図版3BMは、語りを悩みや不調の文脈に制限している一方で、語る者が、悩みや不調を語ることを支えている。悩みや不調の状態にある人物像が視覚的に提示され、そこに収斂させるようにイメージを付与していくことで、クライエントはまとまった形で苦しさを語り出すことができたと考えられる。

もう一つは、TATでは、直接自分自身について語るのではなく、図版の人物について語ることが、自由な表現を可能にする枠となる（大山, 2004）ためであろう。TATの人物は、図版上の外的な人物であると同時に、クライエント自身の視点を重ねている点で完全に外側の他者でもない。特にクライエントの場合、特徴的であったのは、TAT物語を振り返ったセッションでクライエントは自分自身の内面の表れとして捉える様子がなかった点である。TATでは、振り返りの際にはもちろんのこと、語っている最中ですら、「ああ、私のこういうところが表れているな」と自分の表れを感じる人は少なくないが、クライエントの場合は、たとえば、図版2で自分と主人公の類似に気づいたときすら、「まわりが見えてないのは私みたい」という言葉で語っている。この語り方は、「この人のこういうところは、私みたい」というニュアンスであり、あくまでTATの人物は自分ではない、他者のように捉えられているのである[*18]。ここでのTAT物語の人物は、まるでクライエントと類似の性質を担っている点でクライエントと同質の他者のようである。自分と同質の苦しみをもちながら、他者でもあるような、中間的な存在に投影することによって、クライエントはつらさや苦しさといった内容をTATの人物に託して置いておくことができた。内面という器の中で心的内容をつなぎ合わせてイメージを練り上げる代わりに、視覚的な外在物であるTAT図版が外側の器の役割を果たし、イメージが散逸しないように支えていたと考えられる。

　TAT実施後、クライエントは、過去のつらかった経験について語るようになった。#15では親に「自分の責任」と突き放されたことを涙ながらに語り、#17ではTAT物語から連想して腹痛やいじめによる痛みを共有してもらえなかった経験について怒りを交えて語った。また、#8の時点では人に構ってもらいたそうにしている友人を批判していたクライエントが、#16では「気づいて欲しい」という気持ちを語り、その後も友人の批判に転じることはなく、自身の気持ちとして保持することができていた。ここでクライエントは、発話しているクライエント自身と過去の自分とを関連づけ、クライ

エントがどのように生きてきたかの歴史を物語っており、自分自身について語る主体となっている。また、親や友人を相手とする他者との「関係」を語っており、それが相手との関係をコンテクストとした「私」のつらさを語ることにもなっている点でも、第1期に自分と切り離したものように他者を批判していたのと大きな違いである。

　TAT物語を振り返ったセッションで、TAT物語を自分の内面の現れとしてあまり捉えていなかった様子からすると、「私には、こういうところがあるんですね」と話せるようなレベルでの単純な「気づき」によって変化が起こったとは言い難いように思われる。たとえば箱庭療法のプロセスにおいて、クライエントが自身の置いた箱庭の意味を自我レベルでは理解していなくても、箱庭のイメージからのリフレクションを自然と心が受け取っていて、次の展開につながっていったりするが、本事例においても同様のことが起こっていたのではないかと考えられる。つまり、TAT図版という外側の器においてイメージがストーリーの形を成していき、クライエントの心がそのストーリーに触れるプロセスを通じてリフレクションが起こり、クライエントの中で同型の体験がまとまりを得て、連想的に想起されたり語られたりすることが可能になったのではないだろうか。

(4) 相手に出会うことと、その否定による主体の生成

　TAT物語を語るプロセスにおいては、もう一つ重要な作業が行われていたと筆者は考える。それは、TAT物語のイメージの継起から読み取ることができる。

　1-①では「楽譜に沿って弾けない」といった課題や型との関係での不全感がテーマとなっており、他者との関係は描かれていなかった。しかし、1-②で「悩んでいる暇があったら練習したら」(1-②)と第1主人公を批判する視点を語った後、次の3BM①では「すごく疲れているのに、やらないといけないことが沢山ある」という悩みのコンテクストとして、「なぜできてないんだと言うような人」である旦那という他者を登場させた。図版1と3BM

のテーマは、「しなければならないのにできない」という点で同様のテーマと言えるが、はじめは外的な型（楽譜）との関係における不全感であったのが、型に沿えないことを責める「相手」との関係をコンテクストとした葛藤として描かれるようになっていった。前述したようにクライエントにおける「しなければならない」という考えやそれができない不全感・自責感は、内的な自分の視点によってというより、外的な型との関係で生じているようなもので、それゆえに絶対的で融通のきかないものであった。それが、第1主人公に関わる第2人物の視点を語ることによって、だんだんと対峙している一つの視点という形を成してきていることがうかがえる。これは、いったいどのような見方があって悩みや苦しみが生まれているのか、つまり、クライエントが苦しみにおいて向き合っている「相手」が明確に見えてくるプロセスであった。そして、「相手」の姿が見えてくると同時に、それは「結果しか見てない」(1-②)「自分の方が疲れていると思っている（中略）自分のことしか考えていない」(3BM-②)と否定され、クライエントの心の中で、苦しんでいても見てもらえない、気づいて欲しい、といった思いがまとまりを得てきたのではないかと思われる。

　その変化は、すでにTAT物語の中に現れている。4枚目の図版2の2-①では「親や先生の期待を受けて良い大学を目指している」と、相手との関係をコンテクストとして悩みを描き、「本当は違うところに行きたい」「やりたいことができるのは違うところ」と、葛藤の中で相手を否定し、主人公自身の欲求を明確に打ち出していた。また、目前の課業への関わりとその不全だけが描かれていた1-①、3BM-①とは違って、2-①では「まわりを全然見ていない。（中略）友達もいなくて勉強ばかり」と第1主人公の人物像が描写されている。それは、クライエント自身が認めたように「私」の像の萌芽であったように思われる。そのような像が描かれたことは、2-②で不器用なあり方をそのままに肯定する受容的な他者イメージが現れたこととも対応していよう。

　否定は、主体が成立するための本質的な契機（河合, 2000）であるが、それ

は、否定する相手が明瞭に見えてこそ可能になるものであろう。当初、外的な型との関係を生きているようなクライエントは、型に沿えないことに不全感や自責感を抱くばかりで、そのような苦しみは「私」の体験としてまとまりをもって体験されず、外界に散逸していた。それゆえ、そのあり方について語ったり見つめなおしたりすることも困難であった。そこで、クライエントにおいては、TAT図版を外側の器とし、TAT図版の人物という外側の像に自分を定位して苦しさを語ることで、それに対する「相手」であるクライエント自身を圧迫し苦しめる内的な視点のイメージをはっきりと描いて、否定することができたと考えられる。

(5) 葛藤を抱える主体へ

　クライエントはTAT物語からの連想で強い感情を伴って自身の体験を語り (#17)、それを経て#20〜32の頃には、日々の様々なことを楽しみ、他の人にアピールしたり恋愛したりするなどクライエントは素直な気持ちに沿い、それを言葉にできるようになっていた。さらに「『いけない』と思う気持ち」をクライエント自ら「モラルさん」と名づけ、バイトや恋愛をめぐって二つの視点のあいだで葛藤するようになっていた。この「モラルさん」という言葉は、それまで外的な型であったものが、一つの内的な視点になったことを示していよう。それによって、型通りかそうではないかの二分法ではなく、内的な二つの視点の対話が可能になり、その両者のあいだでの葛藤が可能になったと考えられる。

　来談が途絶えた理由についてクライエントは特に語らず、筆者からも尋ねていない。新年度の生活の変化に伴う現実的な都合で来談が難しくなった可能性もあるが、ちょうど新年度になったときのセラピストの時間変更の申し出をクライエントは「先輩になったのでしっかりしないと」(#33)と思うような、メッセージとして捉えたのかもしれない。面接構造の変更については、クライエントの受け取り方の傾向を理解した上で丁寧な説明を行うか、クライエントがどのように思ったのかを早急に面接で話題にする必要があったと

思われる。ただ、再来談したことから考えると、ただセラピストに拒絶されたとだけ受け取っていたようにも思えない。ある程度、葛藤を内面に抱えられるようになっていたため、不満を吐き出すような面接を必要としなくなったとも考えられる。だとすれば、この中断は「来談をやめる」という主体的な選択であったのかもしれない。

　再来談時、クライエントはやる気が出ないと話した後、これまで進路を主体的に選択してこなかった自分自身のあり方に目を向けていった。主体であることの難しさが依然としてクライエントの課題であることがうかがえるものの、再来談時には自らの主体性のなさについて悩むようになっていた。来談当初は外側の型に縛られるように生きていたクライエントが、自らの主体性のなさを見つめ悩むことができるようになっていたと言えよう。#33までの1年間の面接は、クライエントが自分自身について見つめ葛藤するための基礎を作った期間と言えるのではないだろうか。

4. 事例2のまとめ

　本章で取り上げたケースは、「私」として認めることができない自分を他者に投影して批判するという点では、第1章で挙げた河合の神経症の女子学生のケースと非常によく似ている。テーマの一貫性がないとはいえ、他者のイメージに自身の心的要素を投影して語ることができる点や、TATの人物に自分自身のあり方を集約して表わす表現ができる点を考えると、クライエントはある程度、象徴化を行う心的機能を有していたと言えるだろう。そのような神経症水準の人格構造を備えているようでありながら、内面という器を保持できず、イメージが拡散していくのが本事例の特徴であった。この特徴について、本章では何度も「保持できない」という言葉で述べてきたが、これはある能力に関する根本的で修正困難な欠落のことを言っているわけではない。型通りではない振る舞いに対して過酷な批判を向けてしまうクライエントにとっては、心の要素を内面で抱えて「私」を感じることが自己批判

の直撃を受けることになるのだから、そのような負担を軽減する生き方を（意図的ではないにしろ）選んでいた、とも言えるように思う（一方で、そのような負担に耐えて、逆らってでも主体であろうとする働きが弱いからこそ、外側の型に頼らざるを得なかったということでもあるのだが）。

　このような特徴は、本章のクライエント個人のあり方であると同時に、いくらかは現代の時代精神を反映しているように思われる。ギーゲリッヒ（1999b）は、テレビを「現代文化の象徴的な表現のひとつ」として捉え、「テレビの論理が意識の論理的構造に影響を与え、意識を同化していく」（p.110）と述べている。目まぐるしくイメージが移り変わり、あるイメージに長く留まることも、本のように後戻りすることもできないというテレビの性質は、人に「瞑想し、じっと熟考し反省するということを許さない」（p.111）。自分自身の体験を内面に収斂させて温めていこうとするよりも、その都度の現れてきたイメージに対して「私」を関与させず眺め続けるようなあり方は、本章で取り上げたクライエントのみならず、現代における他のケースにも当てはまるところがあるように思われる。もちろん、その心性の表れ方は個々によって違っていて、本事例では、クライエントが自分自身に目が向いた途端に外の話になるというプロセスが明らかに見て取れたが、ケースによっては、そのプロセス自体は目立たず、ただ他者や環境、社会に対する語りを繰り返しているように見える場合もあるだろう。そのようなケースでも、「私」の体験を内的に収斂させ保持することができないことが主な問題である可能性を考えることは有用であると考えられる。

　本章で取り上げた事例においてTATがどのような機能を果たしたのかはすでに考察した通りであるが、TATでも図版9GFの反応は、友人を批判し続けた第1期の面接と同様の、批判的な視点が語られたに過ぎない。それはクライエントが「陰から見ている女性」が前面に描かれた9GFの構図にそのまま従ってイメージを展開したためかもしれない。感情や観念を内面に保持できないクライエントは外的な事象に直接的な形で干渉を受けやすい（田中, 2009）ため、図版の選択については特に考慮する必要があろう。クライエン

トのように自らの悩みについて語ることが難しく、話が拡散しやすいクライエントの場合、幅広い情報を得ようと多様な図版を選んだり、図版の選択をクライエントに委ねたりするよりも、本事例における図版1と3BMのように、クライエントにとって重要なテーマに繰り返し触れさせるように図版の選択や配列を工夫する方が、治療的に意義がある可能性が考えられる。

　本章では、内面という器で心的要素を練り上げて、まとまりのある「私」の像を保持することが難しい者の心理療法において、イメージを収斂させるための具体的な何かが外側の器の役割を果たすことが示唆された。また、そのようにして、自分が定位するポイントが外側にできることでイメージの中で治療的なプロセスが展開しうることが示された。このことはTATに限らず起こることであるかもしれない。

　内面の中での心的作業を行うことが難しい者に対する心理療法で、どのような点に注目し、どのような枠組みを提供していくべきなのかに関しては、さらなる検証が必要であろう。

第8章
他者の視点を思い描くことの困難さからの検討

1. 本章の目的

　これまで第2章から第5章では主に他者イメージの特徴に注目し、第6章と第7章では他者イメージからの連想に注目してきた。最後に、この章では、他者の視点を思い描くという心的作業をどのように乗り越えるのか、あるいは乗り越えられないのかという点に注目していく。

　本章で焦点を当てるのは、第3章で検討を保留した、第2人物の内面に言及せず「視点」として十分にイメージすることができていない反応である。すでに述べたように、第2物語課題の教示は「今のお話の、主人公以外の登場人物を一人選び、その人物を主人公にしてその人の視点からもう一つお話を作ってください」というものであるが、その「その人の視点から」という指示に適切に応じることができなかった反応ということになる。

　その中にも出来事や第2人物の行動・性質を表面的に述べるのみで感情の生起や動機が言及されないタイプと、第2人物が設定できなかったり第1主人公の視点が継続したりするタイプがあった。どちらのタイプも、同じ調査協力者が複数の図版にわたって同様に反応していることが多く、調査協力者の要因が大きく関わっていたと考えられる。

　第1章において自己関係的な葛藤が、他者の視点から自分を見つめる自意

識の成立によって可能になると述べた。上記のような第2物語課題の遂行に困難を示した調査協力者の反応は、「他者の視点に立つ」「自意識をもつ」というレベルでの問題を抱えるクライエントの心理療法について考える上でのヒントを与えてくれると思われる。

2. 調査データからの検討

(1) 第2人物への同一化の有無の分析

まずは、新たな人物を第2の主人公としてその人物の視点からもう一つのお話を作るという第2物語課題を適切に遂行できない反応がどれだけの頻度で見られたのかを確認しておく。

マレー (1943) は、TAT物語における主人公すなわち語り手が同一化している人物を判別する際に「感情や動機がくわしく描かれている」ことに注目している。これを踏まえると、感情の生起[*19]や行動の動機に言及されていれば、語り手は第2人物の視点に同一化しており、逆にそのような言及がなければ、第2人物に表面的に言及しただけで「その人物を主人公として、その人の視点から語る」という課題は果たされていないと見なすことができよう。そこで、第2人物の視点に同一化するという課題を果たしているかどうかという観点から、以下の三つの基準で反応を分類することにした。

一つは、たとえば「頑張って欲しいから叱ってみるんだけど」のように(i)「第2人物の感情の生起や動機について言及される反応」である。もう一つは、たとえば「夫が第1主人公を起こして、ベッドに連れて行く」のように(ii)「出来事や第2人物の行動・性質を表面的に述べるのみで、感情の生起や動機が言及されない反応」である。そして三つ目は、第2人物への同一化の有無の判断以前の反応で、教示が正しく伝わっているにもかかわらず、たとえば「僕だったら第1主人公にこう言います」など第2人物を設定することができなかったり、第2の人物を登場させただけで物語の大半をあくまで第1主人公の視点から第1主人公について語るなど、(iii)「第2人物が設定できな

い、あるいは第2物語においても第1主人公の視点から語られる反応」である。

判定に際しては、まず20のプロトコルについて筆者一人が行い、同じプロトコルについて臨床心理士1名に［表8-1］に基づいて判定を依頼した。結果、85％の一致が見られた。不一致箇所については10％が(iii)の判定をめぐるものであったが、それは「第2物語においても第1主人公の視点から語られる」という基準に関して、物語中のどの人物を第1主人公および第2人物と見なすかの見解の違いから不一致が起こっていることがわかった[*20]。主人公の判断は調査協力者自身の認定に従うよう伝えることで、不一致は容易に解消された。残りの箇所についても協議によって容易に一致したため、ある程度の評定者間信頼性が得られたと判断し、残りの判定については筆者一人で行った。

全376個の反応を判定した結果、(i)が全体の約85％、(ii)は約13％、(iii)は約3％であった。この結果から、ほとんどの反応において、第2人物の視点に立って語るという課題は適切に遂行されており、さほど特別に困難な課題とは言えないことがわかる。

まず、第2人物の表面的言及に留まった(ii)の反応についてであるが、い

［表8-1］　第2人物への同一化に関する判定基準

(i)	第2人物の感情の生起や動機について言及される反応
	例　「頑張って欲しいから叱ってみるんだけど」「すごく心配していたけど、うまくいったのを見てうれしくなって」「もういろんなことがどうでもよくなってしまった（と感じた）」
(ii)	出来事や第2人物の行動・性質を表面的に述べるのみで、感情の生起や動機が言及されない反応
	例　「夫が、寝ている第1主人公を起こして、ベッドに連れて行く」「ケンカしていたので謝って、仲直りする」
(iii)	第2人物が設定できない、あるいは第2物語においても第1主人公の視点から語られる反応
	例　「誰も想像できません」「僕だったら第1主人公にこう言う」「第2の人物は、第1主人公を助けてくれる人で、第1主人公はその人と出会って〇〇してもらって……（と大半が第1主人公についての話になる）」

ずれも非常に短く、しかも第1物語の段階から感情の生起や動機について言及のないものがほとんどであった。その点では、特別に第2物語課題に対して失敗した反応というより、その図版を見てTAT物語を作るということ自体に困難があった場合の反応と考えられよう。このような反応は、被検査者が図版状況にコミットできないか、または検査状況に拒否的な場合に見られる(山本, 1992)とされる。また、アレキシサイミア傾向の高い者がTATで内面よりも行動を描写することが多いこと(一木, 2006)や、発達障害の者が、描かれた人物の表情がわかりにくい図版で人物の内面に言及することが少ない(石牧, 2014)ことが示されている。このことからすると、人物の表面的言及に留まった反応を与えた者の中には、調査に対する心理的抵抗がある者と、内面の心の動きを言語化するのに困難のある特徴をもった者が混在している可能性が考えられよう。

　一方、(ⅲ)「第2人物が設定できない、あるいは第2物語においても第1主人公の視点から語られる反応」は、いずれの反応でも、第1物語では十分な同一化を伴って物語が語られていた。にもかかわらず、第2物語課題が適切に遂行できなかったわけであるから、この反応は、純粋に第2人物の視点から語ることの失敗を表す反応と言えよう。特徴的なのは、一つを除くすべての反応が3名の調査協力者によって与えられ、その3名は4枚の図版のうち半数以上の図版に対して(ⅲ)の反応をしていたことである。このことは、(ⅲ)の反応がかなりの程度、調査協力者の要因と関連していることを示唆している。

　本研究では、図版に描かれた人物の人数によって第2物語課題の応じやすさに影響がある可能性を想定していたが、一人図版であるか複数人図版であるかに大きく左右されることなく、大多数の者は第2人物の視点から語ることができ、ごく一部の者にとってはそれが困難であったということになる。では、第2人物の視点から語るという課題を遂行するために、乗り越えなければならないハードルとでもいうべき心的作業とはいったいどのようなものなのだろうか。それを越えられなかった者は、いったいどのようなことに苦

(2) 第2人物の視点から語ることの難しさの検討

(ⅲ)の反応の中にもいくつかタイプがある。第2物語の教示を受けて「この人にします」と第2人物は設定されるが、結局第2物語は第1主人公の視点を中心として語られて、第2人物はただの新たな登場人物に留まる反応、他に、第2人物を設定できずに調査協力者が自分であれば第1主人公にどう関わるかを語った反応、そして、他の人物の視点を想像することができないと述べたものがある。第2人物の視点から語ることの難しさについて、感想を取り上げて調査協力者の体験に即して検討したい。

(ⅲ)の反応を与えた調査協力者の感想を見ると、第2の視点から語ることの難しさへの言及はあっても、どのような点で難しかったかをうまく言語化できている者は皆無であった。おそらく、自身がどのような質の心的作業に躓いたのかも適切に自覚できていなかったのであろう。そこで、第2人物の視点から語ることができた調査協力者の中で、第2物語課題の難しさに言及した感想に注目することにした。第2人物の選び方で迷ったと述べる者は多いのに対して、第2人物の視点から語ること自体の難しさについて言語化した者はわずか2名であった。いずれも第2人物の視点から語る際にどのような反応にならないように留意したかが述べられており、その「ならないように留意した」内容がまさに(ⅲ)の反応の特徴と重なっていたのである。よって、その2名の感想は、(ⅲ)の反応において調査協力者がどのような心的作業を乗り越えられなかったかを検討する重要な手がかりとなると考えられる。

まず、第2物語課題の難しさを感じつつも、第2人物の視点から語ることができた調査協力者の一人であるm12は図版1で少年を主人公とした第1物語を作り、続いて母親を主人公とした第2物語を作った。感想としてm12は、第2物語課題では「僕の視点から見て母親がどうかというより、母親は母親の立場があるんだなというのを念頭に置いた。僕の正しさではなくて、

母親なりの正しさをもとに作った」と述べた。また、過去に実際に自分自身と彼の母親とのあいだで類似の経験があったとも述べており、「僕の視点から見て」の「僕」にはm12自身と第1主人公の両方が重なっているようである。

　m12の語りからすると、「僕の視点」「僕の正しさ」に沿ってイメージを展開するのを棚上げするために意識的な努力が必要となったようである。

　第2人物の視点から語ることは、m12の言葉で言えば、「母親の立場」「母親なりの正しさ」を念頭に置き続けるということであり、あくまで第2人物中心のイメージを展開する作業であることが示唆されている。

　もう一人の調査協力者m34は、「一つ目の物語は、自分が絵を読んでどう思うかとかそういう感じだったんですけど、二つ目のは、他人になりきったつもり、絵の中に入ったつもりにならなきゃいけない。自分自身がそこに立ち会ってるわけじゃないから、ちょっと混乱する。自分の考え方で行動するのはまずいなと思った」と述べた。この感想では、「自分自身がそこに立ち会ってるわけじゃないから」「自分の考え方で行動するのはまずいなと思った」と、m34自身の関わり方を意識的に棚上げして、「他人になりきったつもり」になって語る必要があったことがうかがえる。

　上記2名の感想では、それぞれ表現は違うけれども、調査協力者自身の視点を中心としてイメージを展開させることを意識的に留保して、他の人物の視点に立つ必要があったことが共通して述べられている。改めて考えてみると、「絵の中の人が何を思っているか……」と教示される従来のTAT課題（第1物語）も、自分以外の人物の視点を想像させる課題なのであるが、にもかかわらず、「この絵の少年のつもりにならないといけなくて難しい……」という苦労が述べられることはまずない。とすると、自身の視点を意識的に棚上げしなければならない困難とは、第1物語課題にはない、第2物語課題に特有の性質であると考えられよう。

　従来のTAT課題について鈴木 (2002) は、人物画を見て自分なりの受け取り方をするようなありふれた現象に「お話を作る」という一押しを加えたよ

うなものと述べている。第1物語課題において語り手は、人物と背景が描かれた絵について様々な思いや連想を抱き、それをもとにして、第1主人公がどのような状態にあり、どのように感じて、どのように行動するかを想像して物語という形に整えていく。この作業においては、図版の人物についてどのように思うかという語り手の視点は、自然と話の筋へと織り込まれていっていると考えられる。

　それに対して、第2物語課題では、ただ第2人物について語り手がどのように思うかを物語にしていくというわけにはいかない。第2人物は「第1主人公のお母さん」や「第1主人公が倒れているところに通りかかった人」といったように、常に第1主人公に対するもう一人の人物として設定されるため、第2人物が第1主人公に対してどのような役割あるいは立場にあるかということを語り手は意識せざるを得ない。言わば、第2物語課題は、第1主人公との関係の中の他者の視点を想像する課題であり、そこでは第1主人公に対する関係に応じて第1主人公の様子をどのように受け取り体験するかを想像して語ることが暗に課されていると考えられる。第2人物は第1主人公との関係の中に位置づけられた他者であるがゆえに、第1主人公にとっての他者であると同時に、語り手にとっても自分とは異なる役割や立場を有した、「自分とは別の、独立した主体／主観」という意味での「他者性」（木村, 2005, p.68）を比較的強く帯びた人物である。それゆえ、第2人物という「他者」の視点をイメージするためには、語り手の自身の視点から離れ、言わば、脱自己中心化して、その「他者」が個人としてどのような視点をもっているかを想像することに集中することが必要になると考えられる。その際に体験される難しさをm12とm34なりに表現したのが、「僕の正しさではなくて、母親なりの正しさをもとに」「他人になりきったつもり、絵の中に入ったつもりにならなきゃいけない」という言葉であったのだろう。

　m12とm34で、やや訴え方が異なっているのは、ある程度個人差として捉えられるように思われる。両者では物語作りにおける同一化の程度に差があり、m12は自身の過去の経験を重ねるほどに第1主人公に強く同一化して

いた。そのため、第2人物という他者の視点に立つことで、第1主人公やm12自身の視点から見て「母親がどうか」を棚上げする必要性が体験されていた。それに対して、m34は全体的に主人公の感情の生起や動機をさほど豊かに語らない反応が多く、基本的に第1主人公に対する同一化が弱めであった。「一つ目の物語は、自分が絵を読んでどう思うかとかそういう感じだったんですけど」という感想にも、イメージにあまり入り込まないような、心理的距離の遠さがよく表れている。このようにもともと第1主人公への同一化が弱い者にとっては、m12のように第1主人公の視点を棚上げしなければならないと体験されるよりも、直接語り手自身の視点を棚上げして「他人になりきったつもり」になることが要求されるように体験されるのであろう。

　この考察を踏まえて(ⅲ)の反応を見てみると、第2物語においても第1主人公の視点を中心とする物語が継続する反応は、調査協力者が第1主人公の視点におそらく十分に強く同一化した上で、その視点を第2物語課題で棚上げすることができなかった反応と考えられる。第2物語において第2人物を設定することができずに、調査協力者自身であればどうするかを語ってしまうような反応は、調査協力者自身の視点の棚上げのできなさが直接的に表れた反応と捉えることができるだろう。

(3) 心の理論課題との比較

　他者の視点に立つことが課題になっている点で、第2物語課題は心の理論課題と共通するところがある。心の理論課題は、「相手の立場でものごとをみる能力、相手の視点に変換する能力、相手の考えていることを推論できる能力」(山本, 2006, p.196)が確立しているかどうかを調べることを目的としている。心の理論は「誰か他の人の心理状態に関する推察」を含む一次水準と「ある人の心理状態について別の人が抱く心理状態を再帰的に処理すること」を含む二次水準に分けられることが多い(Ozonoff & Griffith, 2000, p.123)。二次的水準の心の理論の確立を調べる有名な誤信念課題に、アイスクリーム

課題と呼ばれるものがある。それは、「メアリーはアイスクリーム屋さんの車が公園にあると思っている、とジョンは誤って信じている」という理解ができるかどうかを問うものである。心の理論について「この世界の眺めとは独立に、他者もまた世界を眺める視点をもつこと」を理解し、「自分が知っていること、感じていることを捨て去る」（金沢，2004, p.117）と言われるように、自分自身の視点を棚上げしてXの内面を想像しているYの内面を捉えることが必要となる点では、第1主人公に関わる第2人物の視点を想像する第2物語課題は、特に二次水準の心の理論と関連が深いと考えられる。

　二次水準の心の理論が確立しているかを調べる課題は、一般に9～10歳頃からクリアできるようになることが多い（Wimmer & Perner, 1983）が、自閉症者は自分の知識と信念のみに基づいた反応を行うため正答が困難な者が多いとされている（Baron-Cohen, 1988; Perner et al, 1989）。

　ただ、一方で、アスペルガー症候群の者が心の理論課題で正常域の成績を示すことを指摘する研究（Bowler, 1992）もあり、自閉症者は心の理論課題を複雑な論理的推論によって解いているとも指摘されている（Leekam & Perner, 1991）。心の理論課題をクリアできる者でも実際の社会場面で他者とのやりとりに自閉症的な困難を抱える者がいるという事実は、心の理論課題が求める心的作業と、社会場面で求められる心的作業とのあいだにいくらかの開きがあることを示している。それにはおそらくいくつかの理由があるが、その一つは、心の理論課題が「関係性」や「個人の内面」の要因をほとんど扱っていないためであると思われる。アイスクリーム課題ではメアリーとジョンという二人の人物が登場するが、メアリーとジョンが入れ替わったとしても正解は変わらない。これは、メアリーやジョンがいったいどのような人物で出来事をどのように主観的に体験するかという、その人固有の性格の要因や、二人の関係性の要因は、まったく考慮する必要がないからである。扱われている「信念」も（それは一つの決まった正解を用意する以上、避けられないことであるが）物のように固定化されている。一方、実際の人間関係を円滑に運ぶためには、現在の場面における自分と相手との関係性や、相手がどのようにものごとを

受け取り、どのようにそれを表出しているのかを摑み、その上で自分の振る舞いが相手にどのように受け取られているかを想像し、しかも刻一刻と流動的に移り変わるそれらを判断し続けることが不可欠である。もちろん、相手に注意を向けるだけでなく、自分自身がその状況の当事者としてどのように思っているのかを自ら把握する必要も出てくるであろう。

　このような複雑な認知のプロセスを一つの課題で測定することはおそらく難しいが、第2物語課題は、関係性の中で固有の視点をもった個としての他者のイメージを構成することができたかどうかが表れる点で、心の理論課題と違った側面を照射していると考えられる。アイスクリーム課題への失敗は、「自分はアイスクリーム屋さんの車が公園にないと思っている」という自分の知識に基づく判断を捨て去れなかったことを示唆するが、第2物語課題の失敗は、自分であればその状況でその相手に対してどのように感じるかという、ものごとの主観的な体験の仕方を捨て去ることの困難を示唆するのではないだろうか。

　ここでの考察を踏まえつつ、次節では実際に第2人物の視点を想像することが困難であった調査協力者の反応を分析し、その心的世界を検討したい。

3. 調査事例E——独立した他者の視点を想像できなかった事例

　E (m24) は21歳の男性で、すべての図版で第2人物の視点から語ることに失敗した調査協力者である。おどけるような語り口の背後に戸惑いや緊張がうかがえた。反応を [表8-2] に示す。

[表8-2]　調査事例Eの反応

図版1
　[1-①] 今ふと思ったんですけど、このテストは何を話すかで、その人の性格が見えそうな気がしました。まあいいや、やります。

彼はバイオリンの発表会が近いのにうまく弾けなくて悩んでいます。練習しなきゃいけないのに物思いになって、みたいな感じです。ああ、これは自分の境遇とかなり当てはまるので、うまくいって欲しいんですけど。本番前に慌ててやるのか、テンション下がりまくって何も手につかなくなるか。って自分じゃないですか、これ。……彼じゃないですね、僕ですね（笑）。どうなるんだろう。なんとかうまくいって欲しいですね（笑）。今の彼自身の、いや私自身の問題は、目の前にある困難に立ち向かうエネルギーが足りずに、大変悩んでいる状況（笑）…僕です（笑）。

〔1-②〕（頭をかきながら）人からわかりやすいってよく言われるんですけど……こう頭かいたり（笑）、動作にすごく出ますよね……こういうのは正直にやらないとだめですよね?……女の子が出てくるんです。そして、自分が直面してる問題とはまったく関係がないのに、女の子と結びつけて考えてしまっていることを自覚している。で、彼女はどう思ってるんだろう……彼は自分のことしか頭に入ってないので、彼女の正確な気持ちを思いやる気持ちはないんだろうけども、投げ出すのを見るより、成功する自分を見たがっているだろうとは思ってるでしょう。…………失敗したとき、冷たい反応されるとわかってるくらいですね。

図版3BM

〔3BM ①〕うわー（笑）。誰なのかはわからないですけど、落ち込んで動く気もしない。思考を自ら停止させている状態。現実逃避ですね。で、左側にあるのは……え、鉄砲？ けど、それは僕の興味をひかないのでなかったことにします。で、このままうだうだまとろんでいたいなと思っている状態だと思います。

〔3BM-②〕他人の気持ちが得意な人っているんですかね。僕、相手の気持ちになったときを想像すると、たとえばこの落ち込んで

る人なら、自分がかつて落ち込んでいる人を、横で見ている経験を連想して、そのときの自分の気持ちを述べようとしている感じになるんですけど。そのときの自分は結構元気でしたから、しゃんとしろよ！ しゃんと！ 甘えるな!って思ってました。男だったら切れてますね。女だったら優しいふりをします。

図版13MF
〔13MF-①〕うわー、暗いな(笑)。これは……自分を当てはめにくい状況なので、違う状況にすると、不倫している人妻を殺してしまったサラリーマン。(なぜ絵のような姿勢をしているのかについて、いくつもの可能性を列挙した後)偽装が力のいる作業で、汗をかいてしまった。この後、彼はこの女を一瞥して、証拠を残していないか見回した後、出て行く。

〔13MF-②〕これだったらどんな話が面白いんだろう。前に読んだ本では……(男性の視点を中心とした展開のパターンを複数列挙して)小説だったらこの場面はプロローグみたいな。

図版2
〔2-①〕左の女の子は田舎を出たいと思っていて、都会には出るんですけど、そこでいかに自分が泥臭いかを痛感させられて戻ってきて、ここにいる筋肉もりもりのお兄さんと結婚して、ビールばっかり飲んでデブになって、このお母さんみたいにおなか膨れちゃうのかなと。……ぽっと次に連想で、この人学生さんだから学校の男性教諭が出てきたんですよね。……先生に相談とかするのかな……先生に抱かれてしまいそうだな(笑)。とりあえず先生がいます。

〔2-②〕先生は都会出身なんですよ。この女の子にいろいろ教えてくれてるのかなー。けど、セクシャルなにおいがするのはなぜ

なんだろう……。女の子は何年かたって先生にたまたま出会ったりして、実はそんなにかっこよくなかったみたいな。だけどそのときにこそ、お互いおじさんおばさんになって、夢に対する幻滅と現実に対する諦めみたいな中で二人は惰性的に同じベッドに入ってしまいそうな……。ああ視点が違う。そんなお話になりました（笑）。

【連想】
　こういう心理系の検査をやると、利己的でわがままで、集中力がなくて、精神的に不安定という結果が出る。基本的に自分がわがままなのはわかるんですけど、想像するときも自分中心なのが出ますよね。相手のことを考えないですよね。

（1）葛藤のなさ、困難からの逃避

　Eの反応は、何を語ったかよりも、どのように語ったかの様子に特徴があるが、まずは物語の内容から検討を進めたい。1-①では「バイオリンの発表会が近いのにうまく弾けなくて悩んで」いるというテーマが語られる。これは図版1の状況解釈としてはスタンダードなものであるが、そこでEのイメージは、「練習しなきゃいけないのに物思いになって」と展開する。その「物思い」の意味するところは、後の「本番前に慌ててやるのか、テンション下がりまくって何も手につかなくなるか」「目の前にある困難に立ち向かうエネルギーが足りずに、大変悩んでいる」という語りから察するに、目の前のことに取り組む気になれないまま、鬱々としているような状態のことを指していると思われる。これは3BM-①でも同様で、「落ち込んで動く気もしない」という状況を設定する。いったいなんで落ち込んでいるのかは不明瞭なまま、しかも落ち込んだ状態に対する違和感や葛藤も皆無で、むしろ「現実逃避」「このままうだうだまどろんでいたい」と語られる。Eの物語におい

ては、したくないことやうまくできないこと、そして不安なことをめぐって心理的な葛藤が生じるというよりも、目の前の状況から逃避しようとするあり方が描かれている。そして、本人が述べる通り、それがE自身のあり方なのであろう。

13MF-①と2-①は、ほとんど主人公に同一化することなく、面白おかしく話そうとした物語という印象であった。そのため、物語内容にどれだけEのあり方が純粋に反映されているかは疑問であるが、不倫相手の殺人という状況を設定し、主人公が偽装工作をするという13MF-①で、殺害をめぐって後悔も罪悪感もなく、「思わずやってしまった」という行為へのリフレクションもない点、そして、不倫相手が「他者」というよりも、主人公の行為の証拠としてしか扱われていない点は特徴と言えよう。

このように、EのイメージにはTAT図版に描かれた場面を、なんらかの困った状況として認知はするものの、主人公が自分自身の状況を見つめてそれについて葛藤したり罪悪感をもったりという展開は描かれなかった。

また、主人公の行動以前に、主人公がいったいどのような困難に出会っているのかというイメージも不明瞭なことが多い。3BM-①では、Eはどのような困難であるかに注意を向けている様子がそもそも見られないし、「不倫している人妻を殺してしまったサラリーマン」(13MF-①)という状況設定も、痴情のもつれといったよくあるパターンを当てはめたかのようで、その人間関係の内容を想像しようとする姿勢もない。以上から、目の前に困難に向き合って、何が問題であるのかをイメージによって分節化しようとする姿勢が弱く、逃避や偽装などで不快を排除しようとする傾向がEにはあると考えられる。

(2) 過剰な自己注目と内面の保持できなさ

Eの反応は、何を語ったかよりも、どのように語ったかの様子に特徴がある。「何を話すかで、その人の性格が見えそう」(1-①)「人からわかりやすいってよく言われる」(1-②)（頭をかきながら）「動作に（気持ちが）出ますよね」

(1-②)「僕、相手の気持ちになったときを想像すると……」（3BM-②）と、自分自身について何度も言及し、Eは調査中、物語作りに没頭するよりも、自分自身の行為が検査者の目にどのように映っているかを終始気にしている様子であった。「これだったらどんな話が面白いんだろう」（13MF-②）と語った図版13MFでも、「ここにいる筋肉もりもりのお兄さんと結婚して、ビールばっかり飲んでデブになって、このお母さんみたいにおなか膨れちゃう」（2-①）とウケを狙うような語り口の図版2の反応でも、面白いと思われるパフォーマンスをすることに注意が向いているようであった。Eは、終始、調査者である筆者の目に自分がどのように映るかを非常に気にしていたように思える。

それと関連することではあるが、自分自身についての言及が非常に多いのも特徴であった。それは様々な箇所に表れているが、とりあえず1-①を取り上げて検討したい。Eはまず「発表会が近いのにうまく弾けなくて悩んでいます。練習しなきゃいけないのに物思いになって……」と語り出すが、「自分の境遇と当てはまる」「自分じゃないですか、これ」と述べ、ついには「彼じゃないですね、僕ですね（笑）」「今の彼自身の、いや私自身の問題は……」と自分自身のこととして語りはじめる。最後には、「目の前にある困難に立ち向かうエネルギーが足りずに、大変悩んでいる」と物語らしく述べた後、「…僕です（笑）」と終えた。一般に、TATでは、直接自分自身について語るのではなく、図版の人物について語ることが、自由な表現を可能にする枠となる（大山，2004）。語る最中に語り手が自身と主人公との関連を感じることは時々あることだが、それでもあくまで主人公のこととして語る作業であるからこそ、意識的な制約が強くなりすぎずに自由にイメージを展開させることができる。その際、語り手である自分自身と主人公との区別は保たれ、語り手自身について語っているようでありつつ主人公について語るという形で、物語作りは進行していく。この枠は自由な表現を可能にするものでもあるのだが、一方でそれは、主人公のこととして語り続けなければならないという、言い換えれば、物語に自分の考えや感情が入り込もうとも主人公という仮面

をかぶり、その役柄を演じきらなければならないという制約でもある。しかし、Ｅは、自身と主人公の区別を維持できず、主人公の物語を語り続けることができずに、直接に生身の自分自身を現してしまっているのである。

　このことはＣ・Ｇ・ユングのペルソナの概念から考えることができる。ペルソナとは、「『ひとりのひとが、何ものとして現われるか』ということに関しての、個人と社会との間での一種の折り合い」(Jung, 1928, p.57)であり、外に向けた適切な形で、自分自身をある程度表現するとともに、ある程度隠すものである。ペルソナがうまく機能しないと、「社会の中に『裸身』を晒してしまうようなもので、個人は、周囲からたえず、パーソナル・プライヴェートな領域に侵入されて『傷つき』『脅かされ』『振り回され』『圧倒され』てしまう」(大場, 2000, p.2)とされる。「こういうのは正直にやらないとだめですよね?」(1-②)「え、鉄砲?　けど、それは僕の興味をひかないのでなかったことにします」(3BM-②)という発言など、心の内に秘めておいてもよい内容をそのまま口に出してしまう点から考えても、Ｅのあり方で問題になっているのは、まさにこのペルソナの機能不全と考えられる。主人公というペルソナと自分自身の区別、そして、心の内に抱えておく内容と外に向けて開示する内容の区別を、調査者を前にして維持することが難しいことは、いかにＥが他者の目に侵入され影響されやすいかを示していよう。それゆえに、Ｅは検査者を前にして、生身の自分自身をさらけ出してしまったり、他者の目に対する不安から、過剰に自分自身に意識を向けざるを得なかったのだと思われる。

（3）承認・非承認を映す鏡としての他者
　第2物語課題においてＥは、1-②、13MF-②、2-②では、新たな人物を登場させただけで、第1主人公の視点を中心とした物語を継続した。そして3BM-②では、「自分がかつて落ち込んでいる人を、横で見ている経験を連想して、そのときの自分の気持ちを」述べるに終わった。Ｅにとって、語り手としての自分の視点を離れて、第1主人公に関係する独立した他者の視点

に入る心的作業は困難であったことが表れている。

　その困難さがよく表れているのが図版1の反応である。1-①で、バイオリンの発表会を前にして練習が手につかない第1主人公について「僕です（笑）」と語った後、1-②で「女の子」を登場させる。そこで、語りながら一度Eは「で、彼女はどう思ってるんだろう……」と第2人物の視点に入ろうと試みる。しかし、おそらく難しかったのであろう、「彼は自分のことしか頭に入ってないので、彼女の正確な気持ちを思いやる気持ちはないんだろうけども」と語る。そして結局は、「投げ出すのを見るより、成功する自分を見たがっているだろうとは思ってるでしょう」「失敗したとき、冷たい反応されるとわかってるくらいですね」と、第1主人公が第2人物についてどう思っているかを述べ、他者の視点は独立したものとしては描かれずに終わる。ここで第2人物は、独立した主観をもって世界を生きている個人ではなく、あくまで第1主人公にとっての対象であり、ただ第1主人公の行為を承認・非承認するための道具のような役割でしかないと言える。それゆえに、同じテーマを別の角度から深めることにも、別の外の視点に切り替えて客観的に見るということにもつながらない。第1物語の段階では第1主人公以外の人物が導入されていないことを考えると、第2物語の教示などによってわざわざEに「他者」を意識させようとすると、ただ自分が承認されるかどうかに対する意識を強めることにしかならない可能性も考えられる。

4. 調査事例F——第1主人公の視点を離れることが難しかった事例

　F(m22)は21歳の男性である。二つの図版で、第1主人公の視点を中心とした第2物語を作った調査協力者である。いずれも反応が非常に長く、[表8-3]では大幅な省略をしてあるが、実際は表に掲載した3倍を超える量であった。表では省略しているが、語りの最中に頻繁に、自分の今語っているストーリーや、そのようなストーリーを作っている自分自身について言及して笑ったり、「こんなんでいいんですか」「恥ずかしい」と述べるのが特徴的

であった。その様子は「こんなことを語るとどう思われるか」と不安になっているというより、「こんな話を作っている自分」を楽しんでいるように見えた。

[表8-3] 調査事例Fの反応

図版1

〔1-①〕彼は、天才バイオリニストで少年なのにすごくうまいけど、あるとき、何かに挫折して、バイオリンと楽譜を眺めて……思い悩んでいる様子だと思います。でも、この後、何かをきっかけに新たな価値観を見いだして、次へのステップへ向かって、またうまくなっていきます。

〔1-②〕彼を挫折に追いやった人物で。君の音色は心に訴えかけてこないと言われて彼（少年）は挫折するんですけど、本当は彼の才能を認めている人で。彼が飛躍を遂げる、鍵になる人がいます。……その人は彼にとって一番良い方法を知っている人で、それが誰なのかとかはよくわからないんですけど、親なのかもしれないし、第三者の人かもしれないし……。彼はその挫折を乗り越えた後に、次はその人の死を迎え、でも彼はそれを乗り越えて、歴史に名を刻む音楽家になり、その人との出会いにより彼の運命はすごく輝かしいものになっていった。

図版3BM

〔3BM-①〕この人は、夫が戦争に行って死んでしまったという知らせを受けて、泣き崩れている妻だと思います。その二人は……ラブラブで子どもが一人います。悲しみに暮れていたんですけど、子どもがお父さんどこいったのとか言って、彼女はそのたびに言い訳をしていたんですけど……。息子があるとき、実はお

父さんもういないんでしょって言って、母親は泣き崩れて打ち明けたんですけど、子どもは、事実を教えてくれてありがとう、これで割り切って新たなステップに向かっていけそうだと言って。その少年はたくましくなって、母親は趣味を始めて人生の喜びを見つけて新たな光が差してきて終わるみたいな。

〔3BM-②〕さっきの子どもです。戦争に行って父親が死んだ頃は小さくて何もわからず、ある日お母さんに尋ねて事実を言われたときに、うすうす感づいていたからあまり悲しくなかったというか。そこから彼は今まで以上に勉学に励み自立していったんですけれども、ある日、父親と同じ年になったときに、父親が死んだと言われている場所を訪れるんですよ。で、そのときになって初めてその子どもは、父親の死というものを感じ、涙を流し……。そこから彼は価値観が変わっていって父の死を乗り越えて人間的にも大きくなって成功していきます。終わり。

図版13MF

〔13MF-①〕これは、夫婦で……（妻が突然病死したが、お腹にいた赤ん坊が奇跡的に助かって）で、その子を育てていきます。とりあえずここまでで。（妻を失ったことの悲しみについての言及はなし）

〔13MF-②〕彼は娘を育てていくんですけど、娘さんが通っていた幼稚園で、新たな女性に出会うわけですよ。……（彼と娘と保母さんが仲良くなっていくが、娘が事故で重体になり、それをきっかけに保母さんと結ばれる。娘には下半身不随という後遺症が残るが）新しい奥さんの愛や、父親の愛、そして死んだはずの妻の愛が重なって、この娘さんは歩けるようになるという奇跡が起こります。それでハッピーエンドです。

図版2

〔2-①〕この男の人は黒人男性です。この人（後景の女性）はそれを監視してる人で、この男の人は奴隷として連れてこられて、すごく重労働な仕事で、仲間の何人かは死んでいったりするんですけど、苦しみを楽しく生きていけるように歌を歌ったり踊ったりしながら日々を送って、奴隷解放宣言が出されて解放されて、新たな新天地を求めて旅立っていきます。

〔2-②〕この主人公を使っていた農家の一人娘がこの子（前景）で。この子は、農家の一人っ子ですごい大切に育てられて（何不自由なく暮らしていたが第1主人公に恋をし、それが親にばれて引き離されるが、奴隷解放宣言の後に偶然出会う）。彼女は決められたレールに乗るよりも彼との愛を選んで、で新天地に向かっていって幸せな一生を送りました。

【連想】

（図版1について）自分自身が挫折を乗り越えていきたいと思い、乗り越えてきた自信もある。

（1）布石としての障害、道具としての他者

Fはまず1-①で、少年を「天才バイオリニスト」と設定し、「あるとき、何かに挫折して、バイオリンと楽譜を眺めて……思い悩んでいる」と語るが、少年がぶつかった障害の内容を具体的に語ることなく、すぐに「でも、この後」と続け、「何かをきっかけに新たな価値観を見いだして、次へのステップへ向かって、またうまくなっていきます」と発展の予感をにおわせて終わっている。このような結末は安易で非現実的である。物語全体からすると成長の筋の方が明らかに目立っており、「挫折」は飛躍のための単なる布石となっている。同様のことは他の図版でも見られる。3BM-①は「夫が戦争

に行って死んでしまったという知らせを受けて、泣き崩れている妻」の話であったが、「子どもが一人います」と述べて以降、第1主人公の呼称が「妻」や「私」であったのが、「母親」という子どもを中心とした呼称へと変化し、物語全体の実に四分の三が子どもと母親のやりとりで占められていった。夫がどのような存在であったのかも、それを失って第1主人公がどのように感じているかもほとんど語られないまま、子どもと母が悲しみを「乗り越える」話になっていった。13MF-①もほとんど話の筋は同じで、妻を失った男性が子どもを育てていく話であったが、まったく妻の喪失についての感情は言及されず、2-①もまた、奴隷が苦しみを乗り越えていくという話であった。このように見ていくと、Fの語った話は細部が違うだけで、すべて同じテーマであったと言っていい。どの図版を提示してもその刺激の違いにかかわらず、Fはほとんど変わらない心の動きをしていたことは、Fが強く「成長」「飛躍」という主観的世界に浸っていることを示唆していよう。

　ウィニコット（1971）によれば、乳児は、母親（世界）が思い通りになるという万能感に浸っている錯覚の状態から、母親（世界）の外在性に気づくことで「脱錯覚」し、現実に出会う。外在的なものに出会い、錯覚が遮られるということが心的に体験されるということは非常に重要である。自分の欲するものが魔法のように目の前に現れる限り、現実に気づくこともなければ、自分が何を欲しているかが意識されることもない。遮られること、あるいは、遮る対象との出会いが心的に体験されることによって、内外や主客の境界が生まれ、そこで初めて、限界をもった現実的な自分の像に出会うことが可能になるのである。

　その観点で言うと、Fの語る困難イメージは、「戦死」「突然死」「後遺症」といった悲劇性の強いものが多いが、出会った障害も他者もすべて、ポジティブで発展的な成長と飛躍をドラマティックにするための布石や道具に貶められ、真に遮るものとしてはイメージされていない。これは、Fがまるで母親の子宮の中にいるかのように「錯覚」の状態に包まれているような心的状態にあり、対象が自己愛の延長物として捉えられていることを示唆してい

る。Fの心的世界においては、自分の思い通りになる領域を超えた向こう側の領域、遮る者としての「障害」や「他者」は本質的に成立していないと考えられる。

　このようなあり方は、Fが「子ども」を頻繁に物語の中心人物とした(図版1、3BM、13MF)ことにもよく表れているように思われる。C・G・ユングによれば、子どもとは「未来の可能性」を本質的な性質としており (Jung, 1941, p.186)、あらゆるものへと発展する可能性を秘めた存在であるが、一方でそれは、不完全で未発達な存在であるがゆえに、「まだ」「これから」という可能性に包まれていて、現実的な限界をもってはいないのである。Fが子どものイメージに強く同一化することは、いまだ、錯覚の世界に浸っていることと関連していよう。

(2) 切り替えのない反復

　第2人物のイメージを語ることによって、第1物語における困難イメージは何か影響を受けているのであろうか。たとえば図版1では第2物語で、少年を「挫折に追いやった人物」を登場させるが、「それが誰なのかとかはよくわからない」と人物像は漠然としたまま、第1主人公の才能を認めていて彼の成長に貢献するという筋だけが繰り返し語られた。これは、第1物語の挫折と飛躍の物語に対して新たな谷と山を加えただけで、ほとんど第1物語の続きを語ったような形になっている。

　図版13MFの反応でも同様に、第2物語は第1主人公のその後の人生物語が語られるのみである。F自身は、13MF-①の最後に「とりあえずここまでで」と述べ、筆者の第2物語の教示を待ったので、二つの物語を分けているつもりなのであるが、本質的に第1物語と第2物語の切り替えは起こっていないと言えよう。また、形式的には別の人物を主人公としているような図版3BMと図版2の第2物語でも、内容はいずれも苦難を乗り越える成長物語で、Fの反応において第2物語課題は同じ筋立てを反復する場になっている。

　以上のように、Fにおいては、いったん語りを止めることができたり、形

式上視点を変えたように語ることはできるが、本質的な視点の「切り替え」は生じていない。そもそも、遮られる境界が心的世界に成立していないので、本質的な区切りとなるもの、境界が成立していないことが、どこまでも同じ筋が反復される一因であろう。それゆえに、行き止まりまで行き着いた向こう側に、異質なもう一つの視点が生まれることもないのである。

5. 自他未分化な心的世界と葛藤

Fに関して、「私」と「私ではない」ものとの境界が成立していないと述べたが、このことはEにも共通して言える。ペルソナを適切に形成・維持することができず、直接的に外的な他者の目にさらされ翻弄されやすいということは、言い換えれば、どのように自分を表せばどのように他者の目に映るかというイメージが内的に確立していないということである。内的に思い描かれた他者の視点は、心の内に行動の指針をもつことを可能にするし、外的な他者の反応を、まったくの未知ではない、ある程度予想可能なものとして受け止めやすくもしてくれる。その意味で、ペルソナとは、あらかじめ心の内に他者という「ワクチン」を宿すことによってできる「抗体」として、実際に外的な人間関係で起こった出来事を混乱せずに受け止めることを可能にしているとも言えよう。そのような「抗体」をもたないEの特徴とは、現象面から言えば「自分の視点を離れることができない」のであるが、根本的には心的世界に自他の区別が成立していない未分化さなのである。

本章の第2節では、第2物語課題を遂行できた者の体験を分析することで、第2人物のイメージを表現するためには、自分自身の視点を捨て去る心的作業が必要になることが示唆された。しかし、どの反応でもまったく第2人物の視点に立つことができなかったEとFの事例により、自身の視点へのしがみつきや捨て去れなさというよりも、そもそも自他の視点の区別が成立していない、心的世界の未分化さという特徴が明らかになった。他者視点を想像する作業に困難を感じながらも可能であった者と、第2物語という課題がわ

ざわざ与えられてもそれが不可能であった者とのあいだには、大きな質的な差異があると考えられる。このことは、「心的未生」(田中, 2013)という概念から論じることができる。未生の状態においては、自他の区別といった心的世界の分化や分割が実現しておらず、「『二』が成立する以前の彼らの体験世界には、未だ『他者』は存在」しないという (p.23)。このような未生が、真に自他未分に由来する場合と、たとえば第5章の事例1のように、心的世界に自他の区別は成立した上で、他者のいない世界に留まろうとする態度によって作り出されている場合との区別は、見立てを行う上で、重要であろう。

　また、心的世界の未分化さの一方で、EとFは、どちらも、物語のテーマとしては不全感や落ち込み (E)、挫折や喪失 (F) など一般的なものを語った。このことは、おそらく彼らが言葉上は一般的な悩みを訴えうることを示唆している。また、調査者の目が気になるEも、自分自身の反応に自分でコメントしながら楽しむFも、「他者の目が気になる」という対人恐怖的な訴えや「自分は○○な人間で……」といった自己嫌悪的な訴えをすることもありえよう。しかし、EやFの困難イメージを見ると、困難の内容自体が具体的ではなかったり、ファンタジーを展開するものの、目の前の図版に描かれた困難状況に対する関心が乏しい様子であった。水面に映った自身の顔を眺めるナルキッソスに、水の奥に何があるのかが見えないように、自分自身を眺め続ける者にとって、外にある目の前の現象に入り込んで関わっていくことは難しいのであろう。このようなあり方では、現実に何かの困難に直面したとしても、その困難から反作用的に受け取るものを通じて自らの心の形を捉えることが難しい。心的世界が未分化な者は、「私」の像もはっきりしないまま、ぼんやりとした不全感や自己愛に包まれたままでいることになるだろう。本人としては「葛藤」していると感じるかもしれないが、それは何かはっきりと分かれた二つの自分が対決しているのではなくて、何と何がぶつかっているのかも明瞭にならない、「もやもや」に近いものなのであろう。このような者にとっては、漠然と苦しい状態から抜け出そうとする試みも、入口・出口はおろか、どこに壁があってその向こう側があるのかもわからない

ところをぐるぐると回っているようなものであるかもしれない。この点が、他者イメージを深めることによって、投影が崩れていくような新たな動きが生じた第4章の調査事例A、Bや、外側から自分を傍観する視点をもてるがゆえに、困難イメージのインパクトを弱めたり流したりして対処することが可能であったCやDとの違いであろう。

6. 心理療法における外的な他者の役割

　このような者に対して、クライエントが語る内容を深め、それに治療者が中立的に耳を傾けることで、内的な対話が起こるというプロセスを期待することは難しい。また、第5章や第7章の心理療法事例のように、他者の形をとって現れたイメージに接触することで「内的な他者」と出会うというプロセスを歩むことも難しいであろう。自他未分の世界を生きるものにとっては、彼らの語る他者を内的なイメージとして受け取ったり、治療者に対する感情を転移と受け取ったりしてその醸成を待つよりも、世界を遮る外的な他者の「外在性」との接点こそが重要になってくるのではないかと思われる。

　「『中立性』を放棄し、自らの主体をぶつける」という発達障害の治療論（田中, 2009, p.195）にあるように、セラピストは外的な他者として機能する存在の一つであろう。実体としてのセラピスト個人という意味に限らず、セラピストの外在性は「不在」によって示されたり、あるいは、面接中の入退室や物の持ち込みを阻んだりするような、面接構造の「線引き」としても、外在性による世界の遮りは実現されうる。また、そのような機会は、心理療法場面で起こるとは限らず、クライエントが普段関わっている人物の他者性が急に鮮明に実感される体験として訪れることもある。そこに、自他未分の世界に境界や区別が生まれるチャンスがある。

　ここで一つ臨床素材を挙げたい。筆者が心理療法を担当していた男性のクライエントは、職場で様々な異性にアプローチしては、拒絶的な対応をされたと感じて、そのたびに激しくいら立った。いら立ちは自宅に帰ってから物

などに向けるため、社会生活は破綻していなかったものの、女性の些細な変化や言動から「自分のことを馬鹿にしている」と確信することもよくあり、感情的に不安定になりやすかった。

彼は心理療法のセッションで、気になる異性のことをよく語るのだが、その人がいったいどういう人なのかを筆者が尋ねると、彼の答えはほとんど外見のことばかりで、性格は「わからない」とのことだった。また、ある女性についての怒りが、他の女性や女性一般への怒りへと容易に般化されることもあり、個々の女性は内面をもった個人として彼の心的世界には現れてはいないようであった。

TATを第2物語課題を加えて実施したところ、彼は第2物語の教示に対して混乱し、「見えないものを想像するのは無理」と述べた。第2人物は調査事例E、Fと同様に、独立した視点をもった人物としては描かれず、第1主人公にとっての他者として描かれるのみであった。彼がセッションで女性について外面しか語りえないことも、他者の些細な変化や言動を自分に引きつけて体験しやすいのも、自他の境界が成立しておらず、外界の様々なことがそのまま自分の何かの表れとして体験されているためと考えられた。

あるセッションで彼は次のような夢を報告した。

　　食堂で、他の人たちと、気になる女性が話しているところを火炎放射器で他の人ごと焼き殺す。

〈死んだのか、焼けたのかどうかは?〉と尋ねると、「わからない。火の海みたいになって、影しか見えない感じ」と答えた。火炎放射は、女性のみならず周囲の者も一緒くたにしている点で誰を相手にしているのかという照準が絞り切れておらず、その結果も「火の海みたいになって、影しか見えない」。他者がはっきりとした像を結ばず、こちらからの行為を受け取る存在として現れないため、自分自身の行為の意味も結果の手応えもなく、ただエネルギーが放散していくようである。

このようなクライエントに対して、他者の存在が内的に響いたと思われる瞬間があった。心理療法を開始して3か月ほどたった頃のセッションで、クライエントは、そのとき気になっている女性に「彼女がいないのはクライエントに問題がある」「安定した仕事を見つけたらいいのでは」と言われたことの憤りを語り、「他の女性も同じようなことを思っていたのか」と、その認知は般化されていっていた。筆者が〈違う人は、違うことを考えていると思う。今回の女性は、相手が仕事をちゃんとしているかとか経済的に安定しているかにシビアな人のようで〉と女性の内面的な特徴を伝えると、不思議なことに彼は落ち着いて「あー、自分には無理なタイプかな」と穏やかに話した。そして、次の回には以前、彼を受け入れてくれた相性の良かった女性について想起して語ったのであった。のんびりしている子で、クライエントがいくらかリードしつつ、それでいて少々彼が頼りなくても関係がうまくいく相手だったようである。その後のセッションでも時々クライエントがこだわっている相手の内面を話し合う中で、少しずつ異性に感情的に振り回されることは減っていった。

　筆者が彼に伝えたことは、彼にとってまったく心地の良い内容ではない。にもかかわらず、彼が落ち着いたのは、その女性の個人としての姿と同時に、彼自身も自分が個人としてどのような人であるのかを感じることができたのではないかと思われた。彼は、「自分には無理」という確かな自他の境界を感じ、それはまた、ぼんやりとした不全感に包まれていた状態と違っていくらか鮮明に、自分自身の輪郭が感じられる瞬間であったと思われる。そこで、自分自身と合う女性と、合わない女性の区別も実感されたがゆえに、相性の良かった子のことが想起されたのであろう。そして、相性の良かった子がどのような人であったのかを想起することも、彼自身がどのような人であるのかを確認する作業であったと思われた。

　自他未分の世界を生きる者にとっては、自己も他者もおぼろげにしか見えておらず、「自分がかかわる対象と自分との分化もいまだ生じていない」（辻, 2003, p.47）。自分が見えているものがすべてであり、「それを見ている自分」

についての認識はない。それゆえに、彼は、女性とのやりとりにおいて感じられたことを「私だからこう受け取っている」や「あの人だから、ああ言っていること」として間接化できず、起こってきたことにそのまま振り回されやすかったと考えられる。相手の人物像が鮮明に見えた瞬間に、体験世界には、外在性をもった「他者」の姿が現れ、その接点において、輪郭をもった自分自身の存在の実感が生まれ、自分自身に根づくことが可能になったのではないだろうか。

　心的世界に「私」も「他者」も成立していない者においては、彼らの語る他者は象徴としての意味をもちえないし、「私」についての語りも、おぼろげな不全感や劣等感を反復することになりがちである。したがって、彼らの心理療法で重要となるのは、あくまでセラピストも含めた、外的な他者なのであり、それが外在性をもった本来的な「他者」として彼らの体験世界に現れるチャンスを見逃さずに関わっていくことが必要になると言えよう。

　ただ、心的世界における自他の分化は、本来は幼少期の発達課題である。それがある程度の年齢になっても未だ達成されていない場合には、未分化な状態に留まろうとする傾向の根強さが見てとれることも多い。その根強さが、世界との心的接触を難しくする器質的な要因に起因している場合もあれば、自他未分の状態を補強する環境側の要因が大きい場合もあるが、いずれの場合も何かのきっかけで心的世界の分化が生じかけても元の状態に戻ろうとすることがあるように思われる。

　先に挙げた男性のケースでも、数か月後のセッションで報告された夢にその特徴を見てとることができる。

　　自分と知らない男と二人で銀行強盗をする。逃亡中に女性二人を人質にとって、実家に立て籠もる。母親が家に帰ってくる。強盗がばれたらまずいからと、もう一人の男は母親を始末すべきだと言うが、自分は絶対にそれはさせないと言い争う。

彼は以前に、人間がほとんどいない世界で化け物たちに追いかけられるという夢を報告したことがあった。そのように、わけのわからない存在に脅かされているイメージと違って、この夢では「銀行強盗」という自身の行為によって追われている。自他未分で環境に反応するだけの状態では、起こった事態に対して他責しながら振り回されるしかないが、この夢では、世界に対して自分自身が関与しているような自己感が、わずかながら芽生えてきていることを示しているように思われる。

また、「銀行強盗」というイメージには自分自身には許されていない領域に手を伸ばすという境界侵犯のテーマが含まれている点や、また罪人として逃亡しなければならない外側の領域と、その対として、立て籠もることのできる内側の領域（実家）が現れていることにも、心的世界の中に境界が生まれていることがうかがえる。また、自分のほかに「知らない男」というペアが現れ、意見を対立させているところにも、二つの自分への分化が見て取れる。

しかし、この夢では、銀行強盗で追われ、人質をとった末に、彼は実家に帰り、そしてそこに母親が現れる。銀行強盗の行為主体として、お尋ね者となるイメージは、ネガティブな形ではあれ、周囲とのコンテクストにおいて自分がどのようなことをしている、どのような存在であるのかという感覚が生まれはじめていることを示している。しかし、そこで、彼は、実家に閉じ籠もり母親とのつながりに包まれるような状態に再び戻ろうとするのである。

このように、心的世界の境界・区分や自己感がわずかながら生まれてきても、それを維持し「私」として世界に生まれ出ることがスムーズにはなされえない場合がある。それゆえ、セラピストは、面接外の外的な相手との出会いがどのように響いているのかに注目しながら、自らも、外的な他者の一人として、クライエントに会うという作業を丹念に継続していく必要があると考えられる。

第9章
現代における心理療法とセラピストの姿勢

1. 本研究の射程と限界

　最後に、ここまでの検討で明らかになったことを踏まえて、特に現代の心理療法において留意すべき点を中心に、総合的な考察を行う。

　本書では、非臨床群に対する調査研究と、病理水準的に重篤ではないし社会適応の水準もそれなりに維持されているレベルのクライエントの事例検討をベースとして研究を進めてきた。このような対象から導き出された知見は、現代において比較的「ノーマル」な層に当てはまる特徴を示していると考えられよう。いまや人々が体験する葛藤は、近代において「ノーマル」であった神経症的な葛藤から変化しつつあり、自意識的で葛藤的に見える場合でもその質は異なってきている。近代から現代の「ノーマル」へ、そしてこれからの「ノーマル」へと人々のあり方がどのようなグラデーションを描こうとしているのか。それを考える上での材料を、本書では示すことができたように思われる。一方、本書で論じてきたことが、病理が深い者のあり方や心理療法に関してどこまで当てはまるのかについては、今後の検討が必要であろう。

2. 神経症未満、発達障害未満

　本書では、困難イメージに伴って現れてくる他者イメージのあり方に注目してきた。神経症的なあり方は、「私」としての自分と、その対である「『私』ではない自分」との自己関係的な葛藤を中核としていた。他者イメージに注目すれば、それは「私」の背後に「相手」としての他者イメージが張り合わされているあり方であると考えられた。その相手のイメージは、「私」という図を支える地（コンテクスト）となり、自分の視点でありながら「私」ではないイメージとして、そして、「私」が対岸からどのように受け取られるかのイメージとして、内的な「私」のイメージを支えている。このあり方において、相手としての他者イメージは「私」の対であるから、その他者イメージを深めていくプロセスにおいて、葛藤に参入して「内的な他者」との出会いを引き受けていくことが起こりえた。それと比較して本書で抽出されたあり方は、大きく分けて三つのパターンに整理できるのではないかと思われる。

　一つは、自他の区別はついていて「私」をめぐって葛藤や反省をすることが可能であるが、表層的な自己関係を生きているようなあり方であった。神経症的なあり方では困難イメージにおける「私」の相手として、「私」を支えつつ緊張や揺らぎを与えていたはずの、「内的な他者」の像が不明瞭であり、その裏張りをもたない分、「私」は不定的になりやすい。それは、この世界に生きていることのリアリティの希薄さや、主体としての生まれがたさなど、世界との接点の問題として表れることがあると考えられた。

　二つ目は、自他の区別はついているが、「私」はまとまった内的な像として保持されず外界に散逸してしまっているあり方であった。「私」は基本的に、誰かの言葉など外的なものによって表されていた。内的には「私」のイメージが保持されていないため、他者イメージが結びついていく中心がなく、他者イメージは遊離していた。そのため、他者との関わりから「私」を感じるようなリフレクションは起こりにくく、潜在的には葛藤にもなりうるような生きづらさや外界との齟齬があっても、「私」をめぐる葛藤としては

体験化されにくいと考えられた。

　三つ目は、「私」と「他者」の区別が心的世界に生まれる以前の、未分化なあり方であった。このようなあり方でも言葉上は一般的な悩みや葛藤を訴えることはあるし、他者の前では、自分が人からどう見られているかを不自然なまでに意識していることがある。しかし、本人としては「葛藤」のように感じていても、それは何かはっきりと分かれた二つの自分が対決しているのではなくて、何と何がぶつかっているのかも明瞭にならないまま、ぐるぐるとした反復に陥り、ぼんやりとした不全感や自己愛に包まれたままでいることになりやすいと考えられた。

　この三つのパターンは現代の人々の心のあり方を網羅したものではない。人物の思いに言及するようなTAT物語をほとんど作ることができなかった反応を今回は調査研究の分析から除外しており、心理療法事例としても取り上げてはいない。そのような反応を与えた人の中にも、心的世界が未分化な者をはじめとして、内面的な葛藤からは遠いあり方が含まれていると推測される。逆に言えば、本書で取り上げた調査データや心理療法事例は、ある程度、TAT物語や夢といったイメージに託して象徴的に表現する力がベースにあったか、その力が心理療法によって比較的短期間で引き出されうる素地があった者たちと考えることできるだろう。

　その中でも、三つ目のあり方は、心的世界が二つの自分に分割されるという、神経症の前提が成立しておらず、神経症とは根本的に異なっている。他者を独立した視点をもった者として思い描くこと自体が難しいことから考えても、発達障害の心的世界に近いと考えられる。一方で、先の二つのあり方については自他の区別は成立しており、さらに事例1（第5章）と事例2（第7章）にうかがえたように、クライエントの語る他者イメージの内容に注目すれば、そのイメージが「内的な他者」を象徴的に表している瞬間があった。その点では、神経症的なあり方と近い。しかし、事例1では、「内的な他者」を表す他者イメージとの対峙関係が外れるという形で、事例2では、対峙以前に「私」が霧散するような形で、それぞれ「内的な他者」との接触が生まれな

かった。このような特徴により、ベースは神経症水準のように思える、ある程度の象徴化能力を備えた者でも、葛藤がほどけ、ピントがぼやけて、何に困って悩んでいるのかの中核がはっきりしなくなることがありえることがわかる。調査研究での2000年代の比較(第2章)や解離との関連(第6章)の結果を踏まえれば、現代ではこのような神経症未満の心のあり方が増えつつあるのではないかと考えられる。

　興味深いのは、これらの事例が、発達障害として見ることもできそうな特徴を備えていたことである。たとえば、事例1の、予測しないことが起こる不安から同じ状態を維持しようとするあり方は、「予期しないことへの恐れや混乱が大きい」(佐々木, 2011, p.31)という自閉症的なあり方に近い。また、考察でも論じたように、発達障害の特徴とされる「未生」(田中, 2013)のあり方の特徴を備えていた。事例2であれば、他者のことばかり話して自分自身のことを語ることができない点は、出来事を自分との関係で再構成することが困難(杉山, 2004)という特徴として捉えることができるし、目の合わなさ、思考のかたさ、卒業文集のエピソードにうかがえる場の空気や他者の意図を読むことの難しさなども、発達障害様である。また、両者共に、話が連想ゲームのように移っていく、相談したい事柄について自分から語ろうとする意欲に乏しい、彼らの語りが実感に根ざしているとは思えない(田中, 2013)という発達障害の特徴と共通する点もおおいにある。しかし、どちらの事例も、DSM-5の発達障害の診断基準にあるような、常同性や感覚異常といった何らかの器質的障害を思わせる特徴には、まったく当てはまらない。これらの事例は、神経症という観点から見ると神経症的なようで神経症未満であり、発達障害という観点から見ても発達障害様でありながら発達障害未満である。

　このような神経症未満、発達障害未満のようなあり方に通底するのは、結局のところ、「私」というものが内的に定まりきらないという特徴ではないだろうか。それは、内的に「私」を定める、主体としての力の弱さと言い換えることもできるだろう。それは、言い換えれば、内的に「私」を定める、

主体としての力の弱さとも言えるだろう。自他の区別はついていても、内的に「私」というものが定まらないとき、それは第4章の調査事例で見てきたように、地位やステータスのようなものに従って自己規定するか、第7章の事例2のように、外的な規範や他者の言葉や心理検査結果に頼るしかない。このように外的なものに従って「私」を定めようとするならば、それはその場に応じた柔軟性をもたない「かたさ」として表れたり、決まりや前例といったものの支えの得られない未知の状況を恐れたりすることにつながってくるであろう。逆に、外的なものを頼りにするということは、他者の些細な行動など、外的な変化によって安定を失いやすかったり、自分の発言したことにすら影響を受けて話が滑っていくことにもつながると思われる。

　他者との葛藤や衝突、ズレ、自分が引き起こした予期せぬ結果など、何か他者の働きかけや、遭遇した出来事との接触が起こったときに、そこで何が起こったのかをよく見たり、それらから惹起された内的な感情、感覚などを味わい確かめたりすることは、いずれも「私」を形作る要素となるはずである。ただ、そこで「私」というものの形が感じられてくるのは、それらの出来事や、それに伴って内的に引き起こされた感情・感覚に対峙し触れ続けてこそであろう。本書で取り上げた事例では、接触が起こった途端に、その対峙関係がほどけて自己完結的に閉じこもったり、「私」が霧散したりしていた。エネルギーを使ってその接点に留まることなく、まるで電極が接触したときのスパークに驚いて飛び退くように、反射的にただ外面的に「自分はだめ」「嫌な人がいた」と捉えるのであれば、そこで出会ったことを真に「体験」として深めることは難しいであろう。このような、自分にとって異質な何かと遭遇する、その接点に留まって体験を深めようとする粘りのなさが、内的な「私」の不定性を生み、発達障害的な様相を呈することにつながっているのではないだろうか。

3. イメージへの接触にコミットすること

　本研究の事例において TAT が果たした役割は、これまで心理療法で TAT が用いられるときに期待される役割とは異なっていた。この二つの違いは、そのまま、従来の心理療法が重視してきたことと、これからの心理療法において重要になってくることの違いに対応しているように思われる。

　これまで TAT を心理療法の中で治療的に使用する場合、クライエントが自分自身について洞察を得て自己理解を深めるという目的で、セラピストがクライエントとともに TAT 物語を見なおしてその意味を考える（Bellak, 1954 ; 村瀬, 1978 ; 下山, 1990 ; 山本, 1992 ; 渡部, 2009）という形で使用されることがほとんどであった。自分自身の内面にあっていまだはっきりとは意識されずにいる心的内容をも拾い上げながら、自分自身についての内省を深めていくという狙いは、一般に心理療法において重視されるプロセスであったろう。しかし、表層的な自己関係に閉じこもる事例1では、何かのイメージから「私」を見つめることは、閉じこもりを強化することになりかねなかったし、事例2では TAT 物語のイメージは自身の内面を表すものとしては認識されず、クライエントの内面を表すものとしてセラピストが意識させようとしても、ただ自己批判の文脈に回収されていくのみであった。このように、クライエントの語った内容や表現したイメージから内面への洞察を深めようとするアプローチが通用しにくいケースの特徴は、一言で言えば、形だけ「私」が成立していて、それがどのようであるのかが自身の内から定まらないようなあり方であった。自他の区別は成立し、他者の視点とは異なる視点をもつものとして「私」を認識はしているものの、内的なイメージとして「私」がどのようであってどのようでないのかといったことは、ぼんやりとしている。そのような外側の殻だけがあって中身の芯がないようなあり方に対して、自意識を扱っていこうとしても、それは外面的で表層的な自己関係を強めることにしかならない可能性があった。イメージからの連想を尋ね、そこから組み立てた解釈を（自己洞察を深めることを狙って）伝えるというアプ

ローチも、連想が最終的に結びつくポイントとなる「私」が形の上でしか成立していない場合には、その有効性は薄れるであろう。

「私」に意識を向けることよりも、心理療法の展開上、重要であったのは、①定まらず拡散する困難イメージが夢やTATによって、まとまった形で表現されること、②そのイメージの中に飛び込み、そのイメージと心的に接触することであった。事例1では、TAT物語や夢イメージに留まり、それを味わうように話し合う中でクライエントの感情が噴出し、自分でも「自分が怖い」と思うような異質な自分と出会うことになり、そこから表層的な自己関係に閉じこもることをやめて主体として世界に生まれ出るようなプロセスが展開していった。事例2では、イメージを自分の内面の反映と捉える態度がなく、TAT物語の人物も、図版の中の他人のように接していたが、TATでイメージを展開した後から同型の過去の体験を想起して語るようになり、またイメージをさらに味わいなおす中で、あふれるようにして過去の傷つき体験が思い出された。それをきっかけとして「私」のものとして素直な気持ちや欲求に触れ、葛藤を抱えられるようになっていった。その二つの事例は、イメージへの接触から賦活された心の動きこそが、自分という存在の内側の芯が形作られていくための素材となることを示唆しているように思われる。表層的に成立している「私」に向け返すことは、逆に動き出そうとしているものを止めてしまうことにもなりかねない。現代の心理療法におけるセラピストの姿勢として重要なのは、「私」に直接焦点を当てて自己理解や自己洞察を狙うことよりも、目の前にあるイメージとの心的接触にコミットすることなのではないだろうか。

4. 移ろい、拡散していくイメージに対するセラピストの姿勢

前節で述べた「イメージとの心的接触へのコミットメント」を、もう少し具体的にセラピストの関わり方のレベルでまとめておきたい。

内的なイメージとして「私」が定まらない場合、必然的に自分自身が向き

合っている困難の形をまとまった形で捉えることも困難である。語っていくうちに様々な連想が浮かび、その連想が星座のように意味的な連関をもって形を成していくプロセスとは違って、その都度の連想に引きずられるように話は滑っていき、話題は拡散していく。このようなクライエントに対して、本書の事例でTATが有効に働いたのは、TAT図版によって語りのテーマがある程度制限され、視覚的な刺激が連想をまとめてイメージを収斂させる手がかりとなったためであった。イメージとの心的接触と述べたが、イメージが拡散したままの状態では、手応えのある接触も起こりようがない。イメージがある程度限定されるような具体的な何かを提供し、イメージが拡散せずにまとまりやすくなる。これは、投映法や夢、箱庭といった狭義のイメージ表現に限らず、心理検査の結果（事例2）であったり、クライエントの心が動く話題にセラピストがこだわり続けることも同様の意義があるかもしれない。いずれにしろ、心の内から現れた素材を立体的に組み上げ続けられず、どこまでもただ平板に横に広げていってしまう者に対しては、何らかの形で、ある程度領域が制限された土台を用意した方が、その上に組み上げ、形を模索していくことができる可能性が考えられよう。

　ただ、一方で、そのような土台を提供するというだけでは不十分な場合もある。イメージに心的に接触するということに関しては二つの局面がある。一つは、イメージ表現を行うプロセスの中で様々な心の動きが触発されるという局面であり、もう一つはそのイメージについて事後的に意識を向けることによって心の動きが触発されるという局面である。第1の局面に関して言えば、事例1では、ある物語を語る途中で別の物語を思いついて逸れていきそうになることがあったし、困難イメージが散漫でまとまりにくい者では、イメージの中心がわからなくなるような枝葉のような展開が入り込むことがあるように思われる。第2の局面に関しても、事例2では、TAT物語を振り返ったり夢について話し合っても、外的な事柄についての連想やいつもの通りの自己否定や表面的な自己分析などになってしまいやすかった。連想が、イメージの内に入り込んで、そのイメージを追体験するようなものにはなり

にくいのである。このことは、イメージが収斂しやすい枠組みが与えられてもなお、イメージが逸れて移ろっていったり拡散していったりして、イメージとの心的な接点が流れていきやすい傾向があることを示唆していよう。

　そこで、セラピストが表現されたイメージにどのように関わるかも重要になってくると思われる。事例1と事例2では、別の筋へと逸れていった部分を取り上げずにセラピストが主たる筋に焦点を当てたり、いつも繰り返しているような自己否定の文脈の話になっても、あまりそっちには乗らずにイメージの方に話を戻したりしていくことによって、クライエントの体験が触発されていった。前述した「イメージとの心的接触へのコミットメント」のためには、セラピストが拡散的に広がった枝葉の部分をスルーしつつ、ポイントに焦点を当てて取り上げることも必要になってくるであろう。それは事後的にイメージに触れる局面においてのことであるが、同様のことは、イメージを表現する局面に関しても工夫できることかもしれない。本書の事例1で第2物語で「相手」の視点から作るよう求めたセラピストの態度のように、困難イメージをよりくっきりさせてピントが合った体験をもたらそうとする働きかけが、それに当たる。また、野口（2014）でプレイセラピーの事例を通じて示したように、セラピスト自身がクライエントの内で動きつつあるイメージを目に見える形で映す対象となることも、イメージへの心的接触を支える関わりと言える。この点に関しては、様々な工夫が可能であろう。

5. 心理療法とセラピストの能動性

　このようなセラピストの関わり方は、一見すると、これまで基本とされてきた、受容的に支えながらクライエントの変容を待つ態度とは真逆の、暴力的な関わりのようにも思える。しかし、そもそも、受容的な態度でセラピストがクライエントの前に存在することは、ただ受動的に「受け止める」「受け入れる」という意味合いをもつ行為ではないはずである。河合隼雄（1986）は、「受容は必然的に対決を生む」（p.113）と述べた。たとえば親が憎いと訴える

クライエントに対してセラピストがそれを受容するとき、クライエントの内には、親への感謝のように、憎しみの感情を平衡状態に戻そうとするような、対立する力が動き出す。クライエントは、「治療者の受容によって、今まで潜在していた心の葛藤を顕在化させられ、その対決を真っ向から責任をもって受け止めねばならなくな」り(p.114)、心理療法を通じて「クライエントは苦しみを軽減されるのではなく、避けようとしていた苦しみに直面することを強いられる」(p.115)のである。クライエントの語ることを丁寧に聴き、それを受容し、クライエントに返していくというセラピストの態度は、クライエントが困難や葛藤の内側へと沈み込んでいくことを強いる側面をもっている。クライエントが一人で日常を生きているときには、目をこらしても見えなかったり、あるいは様々な防衛でごまかし見えなかったりした、心の奥の方にある複雑な気持ちに、セラピストが伴走者として共に触れていくという意味では、セラピストおよび心理療法という場は「支える」枠でもあるのだが、一方で確かに「強いる」ような暴力性ももっているのである。それは心理療法が、新しい心のあり方への変容を支えようとする背後で、古い心のあり方が手放され朽ち果てていくという象徴的な次元で「死」に関わっているのだから、むしろ心理療法にとっては本質的なことであるようにも思える。

　今や、心理療法は、これまでとは違う形で自分自身の苦しみに触れることが難しいクライエントを相手にしている。心に浮かぶことを自由に話す場が与えられるだけでは、自らの苦しみや大事な心の動きに触れることが難しく、それどころか自分が何に苦しんでいるのかの像もぼやけたままでわからず、語りが上滑りしていく者に対して、これまでと同様のセラピストの態度をとり続けるのはむしろ、心理療法の本質から外れていくことになるのかもしれない。クライエントの個別的なあり方や苦しみの形をセラピストが思い描こうとするプロセスを重ねながら、何かの形で苦しみが収斂する瞬間や、向き合っている相手や「私」の姿にピントが合ってそれが鮮明に立体的に見える瞬間を捉え、そして、そこで生じる心的接触にコミットすること。その接触の瞬間が、すぐさま散ったり流れてしまったりしないように、あるいは、

表面的な「私」への意識に閉じこもることで見えなくなってしまわないように、セラピストは改めてそれを能動的に大切にする意識をもたなければならないのではないだろうか。心的接触に留まる中で体験されることは、クライエントに衝撃を与え揺さぶるが、それでこそ、クライエントはいくらか自分という存在の深みや重みを感じることができるように思われる。そのような体験こそが、多くのことが多様性の名のもとに衝突なく併存し、目まぐるしく現れては流れていく現代において心理療法が提供できるものであるのかもしれない。

註

第1章　心理療法における葛藤

* 1　神経症症状とは、「特定の器質的な原因はないが、固有の症状群や状態像を有する心因性の心的・身体的機能不全」（田中, 2001, p.13）のことを言う。
* 2　本書では、「自分」という言葉を広く本人の心の諸側面を指すのに用い、それに対して、「私」という言葉を、意識的に把握される側面を指すものとして用いる。

第2章　困難の捉え方と他者イメージの推移

* 3　投影と投映という用語について、本研究では、自分の中の認めがたい性質を他者に所属すると見なすことを「投影」、より広い意味で人格の性質が反映されることを「投映」と記述する。
* 4　図版1、図版3BM、図版13MF、図版2の4枚（提示順）であった。選択や提示順の理由については第4章で後述する。また、2008年の調査では、TAT実施前に解離体験尺度（DES）、キャッテル不安尺度（CAS）への回答を求めた。それについては第3章で詳述する。
* 5　なお、"BM"とは、少年（Boy）と男性（Male）用の図版という意味であるが、描かれた人物は、後ろを向いており顔がわからないため、性別が定かではなく、幼児から中年まで様々な解釈が可能であるという多義性がある。そのため、当初は男性用図版として用意されたものであるが、女性用の3GFに比べ投影図版として優れているため、現在では女性に対しても積極的に用いられている（坪内, 1984；Bellak, 1954）。
* 6　なお、語りはじめは不明瞭でも後の物語の展開で明確になっていく場合は、【曖昧な困難】としてはスコアしていない。

第3章　他者イメージの特徴から見た葛藤の質

* 7　このうち、2008年の調査で収集したデータは第2章で分析対象としたものである。
* 8　このとき、第1物語のテーマの具体的内容（失恋、事故に遭う）と対応しすぎたラベルにしてしまうと、特定のテーマの物語しか分析できない指標ができあがってしまう。多くの第2物語を統一的に分析するための指標にするために、テーマの具体

的内容にとらわれすぎずに、関わりの意図や心の動かし方に注目しつつ、抽象度を調整してラベルを作成するよう心がけた。

*9 他者視点を思い描くことの困難さを示す反応については葛藤との関連で第8章で後述する。

*10 ［表3-3］にあるように、第1因子である【対人的な情緒不安定さ】は他者からの働きかけに気分を害したり不信感をもったりする項目から構成されている。

*11 「〈相手視点〉を選ばない」と述べたが、第2物語課題の教示を受けた時点で、調査協力者が相手視点か傍観者視点かを自由に選択できるのか疑問に思われる読者もいるかもしれない。たとえば、第1物語の時点で第1主人公の他に人物を登場させなかった人は、主人公にとっての「相手」の視点を選びようがないのではないか、と。実際に反応を見てみると、たとえば「仕事が多くて参ってしまっている」と他の人物が登場しない第1物語を語った調査協力者が第2物語で「たくさん仕事を任せた人」を登場させてその視点を語るなど、第1主人公の向き合っていた困難を人物化するような形で、第1主人公にとっての「相手」の側に立つ反応も見られる。つまり、第1物語のテーマがどのようなテーマであっても、第1主人公しか登場させていなかったとしても、第1主人公にとっての「相手」の視点を、第2物語課題で選択することは可能である。ただ、まれに、第2物語課題で第1主人公にとっての相手の視点を選ぶことがおそらくできないような第1物語のテーマが語られることもある。それが第4章で取り上げる調査事例Cの3BM-①のようなテーマである。

第4章　他者イメージについて語ることがもたらす動きの検討

*12 評定者間信頼性については、第3章で確認済みであるため、筆者一人で判定を行った。

*13 以下、男性の調査協力者をm＋番号で、女性の調査協力者をf＋番号で示す。

*14 調査協力者の語りをそのまま抜き出した箇所はゴチック体で示す。

*15 第2人物は、第1主人公がバイオリンを盗った相手の視点を選んではいるが、1-②の視点ではまったくそのエピソードに触れられていないので、第1物語における悩みの「相手視点」よりも、「傍観者視点」として判定した。

第6章　他者イメージをめぐる連想からの検討

*16 本研究の調査では、調査者側が余計な関連づけを作り出してしまうことを恐れたため、連想についての質問の構造化の度合いが低くなっている。第2人物に関する連想を述べるかどうかは調査協力者の自発性に委ねられていたため、各カテゴリーの

度数の合計が、すべての調査協力者の総反応数と一致していない。
＊17　桜の木を折ったことを正直に謝ったジョージ・ワシントンをその父が褒め称えたという逸話のこと。

第7章　散逸する「私」
＊18　もちろんクライエントは、自分の作ったTAT物語であることは知っているし、「あれどうなりましたか」とセラピストに尋ねてきたのだから、それが何かクライエント自身の「結果」を表すものであることも知っている。なのに、TATの人物を、まったくの他人のように認知しつつ、自分との類似を指摘しているところは解離的と言えるかもしれない。

第8章　他者の視点を思い描くことの困難さからの検討
＊19　感情の生起としたのは、たとえば「第2人物は、第1主人公とつらいときも支え合うような関係で」といった語りにおける「つらい」のように、関係の設定上の記述として感情に言及される場合は、主人公の視点に同一化してその感情を語っているというのとは異なると考えられる。それゆえ、同一化を示す指標としては、「○○してつらくなって」といったように、生起している感情に限定した。
＊20　たとえば、筆者が、調査時に調査協力者に確認した結果に基づいて主人公を判定し、第1物語は夫の視点から、そして第2物語は妻の視点から夫婦関係を語ったと見なしている反応について、協同判定者は、語られた物語における同一化の程度を重視して、第1物語も第2物語も夫婦二人を第2人物と見なし、第2物語でも主人公が変わっていないと判定したということがあった。

引用文献

安香宏（1993）．TAT　岡堂哲雄（編）心理検査学　増補新版　垣内出版　pp.209-247．
安香宏・藤田宗和（1997）．臨床事例から学ぶTAT解釈の実際　新曜社
馬場禮子（2006）．精神分析的アプローチにおける初回面接　伊藤良子（編）臨床心理面接研究セミナー　至文堂　pp.33-42．
Baron-Cohen, S. (1988). An assessment of violence in a young man with Asperger's Syndrome. *Journal of Child Psychology and Psychiatry*, 29, 351-360.
Bellak, L. (1954). *The thematic apperception test and the children's apperception test in clinical use*. New York: Grune & Stratton.
Bernstein, E. M., & Putnam, F. W. (1986). Development, reliability, and validity of a dissociation scale. *Journal of Nervous and Mental Disease*, 174, 727-735.
Bowler, D. M. (1992). "Theory of mind" in Asperger's syndrome. *Journal of Child Psychology and Psychiatry*, 33, 877-893.
Bühler, Ch. (1967). *Das Seelenleben des Jugendlichen*. Stuttgart: Fischer.（原田茂（訳）（1969）．青年の精神生活　協同出版）
Deutsch, H. (1965). *Neuroses and character types*. New York: International Universities Press.
土井隆義（2014）．つながりを煽られる子どもたち――ネット依存といじめ問題を考える　岩波書店
土居健郎（1976）．オモテとウラの精神病理　荻野恒一（編）分裂病の精神病理4　東京大学出版会　pp.1-20．
Freud, S. (1917). *Vorlesungen zur Einführung in die Psychoanalyse*.（新宮一成・鷲田清一（訳）（2012）．フロイト全集15　精神分析入門講義　岩波書店）
Giegerich, W. (1981). Die Rettung des Kindes oder die Entwendung der Zeit: Ein Beitrag zur Frage nach dem Sinn. *GORGO*, 5, 9-32.（河合俊雄（訳）（1987）．子どもの救助あるいは時間の横領――意味への問いについて　思想　第759号　岩波書店　pp.30-55．）
Giegerich, W. (1999a). *Der Jungsche Begriff der Neurose*. Frankfurt am Main: Peter Lang.（猪股剛（部分訳）（2005）．心理学の時間――歴史意識の時代の中で　日本評論社）
Giegerich, W. (1999b). The function of television and soul's predicament.（河合俊雄（訳）（2001）．テレビの機能と魂の苦境　河合俊雄（編・監訳）神話と意識――講義・講演集　日本評論社　pp.105-130．）
Giegerich, W. (1999c). Martin Luthers "Anfechtungen" und die Erfindung der Neurose.（河合俊雄（訳）（2001）．マルティン・ルターの「試練」と神経症の発明　河合俊雄（編・

監訳）神話と意識　日本評論社　pp.132-243.）

Hartman, A. A. (1970). A basic TAT set. *Journal of Projective Techniques and Personality Assessment*, 34, 391-396.

橋本やよい（2000）．母親の心理療法――母と水子の物語　日本評論社

秦一士（1993）．P-Fスタディの理論と実際　北大路書房

畑中千紘（2011）．話の聴き方からみた軽度発達障害――対話的心理療法の可能性　創元社

畑中千紘（2013）．発達障害におけるイメージの曖昧さ――ロールシャッハ・テストにおける「不確定反応」から　箱庭療法学研究，26(2)，29-40．

Henry, W. E. (1956). *The analysis of fantasy*. New York: John Wiley & Sons.

Holt, R. R. (1961). The nature of TAT stories as cognitive products: A psychoanalytic approach. In J. Kagan, & G. Lesser (Eds.), *Contemporary issues in thematic apperceptive methods*. Springfield, Ill.: Charles C. Thomas, pp.3-43.

細澤仁（2012）．実践入門 解離の心理療法――初回面接からフォローアップまで　岩崎学術出版社

一木仁美（2006）．非臨床群におけるアレキシサイミア特性の空想の様相と感情体験　心理臨床学研究，24(1)，76-86．

池見酉次郎（1993）．アレキシサイミアについて　心身医学，33(1)，86-88．

井村恒郎（1951）．不安　井村恒郎（1983）．井村恒郎著作集　第1巻　精神病理学研究　みすず書房　pp.45-66．

井上亮（1984）．風景構成法と家屋画二面法　山中康裕（編）中井久夫著作集　別巻　H・Nakai風景構成法　岩崎学術出版社　pp.163-187．

石牧良浩（2014）．TATからみた広汎性発達障害者に関する臨床心理学的研究――精神科デイケアでのかかわりを通して　風間書房

岩宮恵子（2006）．座談会　臨床の「学」とは何か（鷲田清一・河合俊雄・岩宮恵子）　河合俊雄・岩宮恵子（編）新・臨床心理学入門　日本評論社　pp.1-11．

岩宮恵子（2009）．フツーの子の思春期――心理療法の現場から　岩波書店

James, W. (1892). *Psychology: Briefer course*. New York: Henry Holt.（今田寛（訳）（1992）．心理学（上）　岩波文庫）

Janet, P. (1929). *L'évolution psychologique de la personnalité: Compte-rendu intégral des conférences d'après les notes sténographiques*. Paris: A. Chahine.（関計夫（訳）（1955）．人格の心理的発達　廣応通信）

Jung, C. G. (1917). On the psychology of the unconsciousness. *CW7*.

Jung, C. G. (1928). The relations between the ego and the unconscious. *CW7*.（松代洋一・渡辺学（訳）（1984）．自我と無意識　思索社）

Jung, C. G. (1935). The tavistock lectures. *CW*18.（小川捷之（訳）(1976). 分析心理学　みすず書房）
Jung, C. G. (1941). The psychology of the child archetype. *CW*9i.（林道義（訳）(1999). 童児元型　元型論　増補改訂版　紀伊國屋書店　pp.171-209.）
金川智恵（2005）．「わたし」のなかの他者——自己意識の形成に及ぼす「他者性」の重要性について　梶田叡一（編）自己意識研究の現在2　ナカニシヤ出版
金沢創（2004）．ぼくたちが住んでいたもう一つの世界——俯瞰の視点と独我論的体験　渡辺恒夫・高石恭子（編著）〈私〉という謎——自我体験の心理学　新曜社　pp.131-152.
笠原嘉（1981）．不安の病理　岩波新書
河合隼雄（1971）．コンプレックス　岩波書店
河合隼雄（1977）．昔話の深層——ユング心理学とグリム童話　福音館書店
河合隼雄（1986）．心理療法論考　新曜社
河合隼雄（2009）．カウンセリングの実際問題　岩波現代文庫
河合俊雄（2000）．心理臨床の理論　岩波書店
河合俊雄（2003）．心理療法とポストモダンの意識　横山博（編）心理療法——言葉／イメージ／宗教性　新曜社　pp.175-196.
河合俊雄（2011）．村上春樹の「物語」——夢テキストとして読み解く　新潮社
河合俊雄（2013）．大人の発達障害における分離と発生の心理療法　河合俊雄・田中康裕（編）大人の発達障害の見立てと心理療法　創元社　pp.4-20.
川喜田二郎（1970）．続・発想法——KJ法の展開と応用　中公新書
川嵜克哲（2006）．夢分析の過程——コンテクストとしての夢　伊藤良子（編）臨床心理面接研究セミナー　至文堂　pp.157-169.
木村敏（1990）．分裂病と他者　弘文堂
木村敏（2005）．関係としての自己　みすず書房
衣笠隆幸（2004）．境界性パーソナリティ障害と発達障害——「重ね着症候群」について　精神科治療学, 19(6), 693-699.
Klin, A., & Volkmar, R. F. (2000). Treatment and intervention guidelines for individuals with Asperger syndrome. In A. Klin, F. R. Volkmar, & S. S. Sparrow (Eds.), *Asperger syndrome*. New York: Guilford Press, pp. 340-366.（吉田美樹（訳）(2008). アスペルガー症候群の人々に対する治療・介入の指針　山崎晃資（監訳）総説アスペルガー症候群　明石書店　pp.452-492.）
小林哲郎（1993）．SCT-Bの臨床への適用　心理臨床学研究, 11(2), 144-151.
桑原知子（1991）．人格の二面性について　風間書房
Lacan, J. (1949). Le stade du miroir comme formateur de la fonction du Je. In *Écrits*. Paris:

Seuil, 1966, pp.93-100.（宮本忠雄他（訳）（1972）．〈わたし〉の機能を形成するものとしての鏡像段階　エクリ　弘文堂　pp.123-134．）

Laplanche, J., & Pontalis, J.-B. (1967). *Vocabulaire de la psychanalyse*. Paris: PUF.（村上仁（監訳）（1977）．精神分析用語辞典　みすず書房）

Leekam, S. R., & Perner, J. (1991). Does the autistic child have a metarepresentational deficit? *Cognition*, 40(3), 203-218.

Lerner, P. M. (1998). Psychoanalytic perspectives on the Rorschach. Hillsdale, NJ: Analytic Press.（溝口純二・菊池道子（監訳）（2003）．ロールシャッハ法と精神分析的視点（下）臨床研究編　金剛出版）

Lewin, K. (1935). *A dynamic theory of personality*. New York: McGraw-Hill.

舛田亮太・中村俊哉（2005）．日常的解離尺度（短縮6項目版），日常的分割投影尺度（短縮8項目版）の構成概念妥当性の検討　パーソナリティ研究，13(2)，208-219．

Menninger, K. (1959). *Theory of psychoanalytic technique*. New York: Basic Books.（小此木啓吾・岩崎徹也（訳）（1969）．精神分析技法論　岩崎学術出版社）

Minkowski, E. (1933). *Le temps vécu: Etudes phénoménologiques et psychopathologiques*. Paris: d'Artrey.（中江育生・清水誠（訳）（1972）．生きられる時間――現象学的・精神病理学的研究　みすず書房）

水島恵一（1981）．葛藤　新版心理学事典　平凡社　pp.106-107．

Morgan, C. D., & Murray, H. A. (1938). Thematic apperception test. In H. A. Murray (Ed.), *Explorations in personality: A clinical and experimental study of fifty men of college age*. New York: Oxford University Press, pp.530-545.（外林大作他（訳編）（1962）．パーソナリティⅡ　誠信書房　pp 500-514 ）

村瀬嘉代子（1978）．さまざまな身体症状を訴えた一少女のメタモルフォーゼ――わがうちなる「雪女」に気づくまで　季刊精神療法，4(3)，225-234．

Murray, H. A. (1943). *Thematic apperception test manual*. Cambridge: Harvard University Press.

Murray, H. A. (1951). Uses of the Thematic Apperception Test. *American Journal of Psychiatry*, 107, 577-581.

中井久夫（1970）．精神分裂病の精神療法における描画の使用――とくに技法の開発によって作られた知見について　芸術療法，2，77-90．

難波淳子（2005）．KJ法　伊藤哲司・能智正博・田中共子（編）動きながら識る、関わりながら考える――心理学における質的研究の実践　ナカニシヤ出版　pp.125-131．

野口寿一（2014）．散逸するイメージを支えるもの　こころの科学，176，92-96．

野間俊一（2006）．身体の哲学――精神医学からのアプローチ　講談社

野間俊一（2012）．解離する生命　みすず書房

Ogden, T. (1986). The matrix of the mind: Object relations and the psychoanalytic dialogue. Northvale, NJ: Jason Aronson.（狩野力八郎（監訳）藤山直樹（訳）（1996）．こころのマトリックス──対象関係論との対話　岩崎学術出版社）

小倉清（1982）．登校拒否　山中康裕（編）問題行動　日本文化科学社　pp.19-41．

岡野憲一郎（1995）．外傷性精神障害──心の傷の病理と治療　岩崎学術出版社

岡野憲一郎（2007）．解離性障害──多重人格の理解と治療　岩崎学術出版社

大場登（2000）．ユングの「ペルソナ」再考──心理療法学的接近　創元社

大山泰宏（2004）．イメージを語る技法　皆藤章（編）臨床心理査定技法2　誠信書房　pp.80-88．

Ozonoff, S., & Griffith, E. M. (2000). Neuropsychological function and the external validity of Asperger syndrome. In A. Klin, F. R. Volkmar, & S. S. Sparrow (Eds.), *Asperger syndrome*. New York: Guilford Press, pp.72-96.（小川真弓（訳）（2008）．アスペルガー症候群の神経心理学的機能と外的妥当性　山崎晃資（監訳）総説アスペルガー症候群　明石書店　pp.107-141．）

Perner, J., Frith, U., Leslie, A. M., & Leekam, S. R. (1989). Exploration of the autistic child's theory of mind: Knowledge, belief and communication. *Child Development*, 60, 689-700.

Piotrowski, Z. A. (1952). The Thematic Apperception Test of a schizophrenic interpreted according to new rules. *Psychoanalytic Review*, 39, 230-251.

Premack, D., & Woodruff, G. (1978). Does the chimpanzee have a theory of mind? *Behavioral and Brain Science*, 1, 515-526.

Putnam, F. (1997). *Dissociation in children and adolescents: A developmental perspective*. New York: Guilford Press.（中井久夫（訳）（2001）．解離──若年期における病理と治療　みすず書房．付録Ⅰ　DESⅡは梅末正裕による訳）

Ross, C. A., Joshi, S., & Currie, R. (1990). Dissociative experiences in the general population. *American Journal of Psychiatry*, 147, 1547-1552.

西條剛央（2008）．ライブ講義・質的研究とは何か──SCQRMアドバンス編　新曜社

佐々木正美（2011）．発達障害スペクトラムへの理解　橋本和明（編）関係性からみる発達障害──こころとこころの織りあわせ　創元社　pp.29-61．

柴山雅俊（2007）．解離性障害──「うしろに誰かいる」の精神病理　筑摩書房

下山晴彦（1990）．「絵物語法」の研究　心理臨床学研究，7(3)，5-20．

Sifneos, P. E. (1973). The prevalence of 'alexithymic' characteristics in psychosomatic patients. *Psychotherapy and Psychosomatics*, 22, 255-262.

園原太郎（1980）．認知の発達　培風館

杉山登志郎（2004）．コミュニケーション障害としての自閉症　高木隆郎・P. ハウリン・E. フォンボン（編）自閉症と発達障害研究の進歩　Vol.8　星和書店　pp.3-23．

鈴木國文（1995）．神経症概念はいま――我々はフロイトのために百年の回り道をしたのだろうか　金剛出版
鈴木睦夫（1997）．TATの世界――物語分析の実際　誠信書房
鈴木睦夫（2002）．TAT――絵解き試しの人間関係論　誠信書房
田熊友紀子（2006）．臨床心理学と「神経症」　河合俊雄・岩宮恵子（編）新・臨床心理学入門　日本評論社　pp.56-61.
高石恭子（2000）．ユース・カルチャーの現在　小林哲郎・高石恭子・杉原保史（編著）大学生がカウンセリングを求めるとき――こころのキャンパスガイド　ミネルヴァ書房　pp.18-37.
高石恭子（2004）．こどもが〈私〉と出会うとき　渡辺恒夫・高石恭子（編）〈私〉という謎――自我体験の心理学　新曜社　pp.43-72.
高石恭子（2006）．リアリティの変容　氏原寛・西川隆蔵・康智善（編）現代社会と臨床心理学　金剛出版　pp.41-53.
田辺肇（1994）．解離性体験と心的外傷体験との関連――日本版DES（Dissociative Experiences Scale）の構成概念妥当性の検討　催眠学研究, 39, 58-67.
田辺肇（2009）．解離性体験尺度　岡野憲一郎（編）専門医のための精神科臨床リュミエール20　解離性障害　中山書店　pp.165-173.
田中康裕（2001）．魂のロジック――ユング心理学の神経症とその概念構成をめぐって　日本評論社
田中康裕（2007）．神経症圏を中心に　桑原知子（編）臨床心理学　朝倉書店　pp.60-68.
田中康裕（2009）．成人の発達障害の心理療法　伊藤良子・角野義宏・大山泰宏（編）京大心理臨床シリーズ7「発達障害」と心理臨床　創元社　pp.184-200.
田中康裕（2010）．大人の発達障害への心理療法的アプローチ――発達障害は張り子の羊の夢を見るか？　河合俊雄（編）発達障害への心理療法的アプローチ　創元社　pp.80-104.
田中康裕（2013）．未だ生まれざる者への心理療法――大人の発達障害における症状とイメージ　河合俊雄・田中康裕（編）大人の発達障害の見立てと心理療法　創元社　pp.21-41.
谷村覚（1993）．「他者の他者」としての自己　梶田叡一（編）現代のエスプリ307　自己という意識　至文堂　pp.53-62.
戸川行男（1953）．絵画統覚検査解説――TAT日本版　金子書房
坪内順子（1984）．TATアナリシス――生きた人格診断　垣内出版
辻悟（2003）．こころへの途――精神・心理臨床とロールシャッハ学　金子書房
対馬忠・辻岡美延・対馬ゆき子（1960）．CAS不安診断テスト解説書　東京心理
梅村高太郎（2014）．思春期男子の心理療法――身体化と主体の確立　創元社

Vanderlinden, J., Van Dyck, R., Vandereycken, W., Vertommen, H., & Verkes, R. J. (1993). The Dissociation Questionnaire (DIS-Q): Development and characteristics of a new self-report questionnaire. *Clinical Psychology and Psychotherapy*, 1, 21-27.

渡部千世子（2009）．TAT実施によって自己開示が促進された中年期女性の面接事例──TATの心理療法的意義についての考察　心理臨床学研究，27(2)，184-194．

Wimmer, H., & Perner, J. (1983). Beliefs about beliefs: Representation and constraining function of wrong beliefs in young children's understanding deception. *Cognition*, 13(1), 103-128.

Wing, L. (1996). *The autistic spectrum: A guide for parents and professionals*. London: Constable.（久保紘章・佐々木正美・清水康夫（監訳）（1998）．自閉症スペクトル──親と専門家のためのガイドブック　東京書籍）

Winnicott, D. W. (1971). *Playing and reality*. London: Tavistock Publications.（橋本雅雄（訳）(1979)．遊ぶことと現実　岩崎学術出版社）

World Health Organization (1992). *The ICD-10 classification of mental and behavioral disorders*：*Clinical descriptions and diagnostic guidelines*.（融道男・中根允文・小見山実（監訳）（1993）．ICD-10精神および行動の障害──臨床記述と診断ガイドライン　医学書院）

山本晃（2006）．自閉症論──"心の理論"を考える　冨田和巳・加藤敬（編）多角的に診る発達障害──臨床からの提言　診断と治療社　pp.196-234．

山本和郎（1992）．心理検査TATかかわり分析──ゆたかな人間理解の方法　東京大学出版会

索　引

[ア行]

圧力　　37-39
アレキシサイミア　　22, 174
器　　129, 160, 164, 165, 167, 168, 170
エゴグラム　　152, 156, 158

[カ行]

外在性　　191, 195, 198
外的な他者　　28, 138, 146, 150, 193, 195, 199
解離　　6, 22, 23, 25, 48, 49, 58, 63, 65, 133, 135, 148, 149, 203, 213
　　——性障害　　22, 23, 25, 26, 48, 63, 149
解離体験尺度（DES）　　5, 48, 49, 56-58, 63, 133, 135, 136, 211
影（shadow）　　27
型　　161-163, 165-169
葛藤
　　——がもてない　　4, 7, 8, 20, 47
　　——にならない　　4, 7, 8, 20, 47, 98
　　自己関係としての——　　12-14, 18, 68, 171, 201
　　自己完結的な——　　103-105
　　神経症的（な）——　　4, 14, 63, 98, 200
かのような人格　　22
義務感　　77, 79, 80
境界　　78, 100, 107, 191, 193, 195-197, 199
鏡像段階　　14

共同体　　15, 18, 30, 77
近代意識　　18, 30, 77, 88
KJ法　　50, 134
現代　　4-6, 8, 19, 22, 25, 26, 28-31, 34, 37, 40, 42, 45, 47, 48, 65-68, 98, 133, 169, 200, 202, 203, 206, 210
合理化　　159
心の理論　　14, 178-180
子ども　　28, 55, 74, 75, 77, 80, 82-86, 99, 102-104, 107, 116, 119, 120, 129, 130, 140, 143-147, 152, 154, 188, 189, 191, 192
　　——のイメージ　　86, 192
コンテクスト　　88, 92-95, 99, 100, 104, 108, 109, 124, 165, 166, 199, 201

[サ行]

罪悪感　　12, 13, 15, 17, 20, 24, 48, 52-54, 60, 63, 79, 83-85, 87, 88, 92-96, 100, 109, 184
錯覚　　191, 192
自意識　　14-17, 30, 47, 66, 67, 121, 125-127, 131, 172, 186, 200, 205
自我体験　　15
子宮　　124, 127-130, 191
自己愛　　191, 194, 202
自己感覚　　149, 160
自己関係　　13, 14, 66, 67, 112, 121, 125, 127
　　表層的な——　　66-68, 105, 111, 112, 120, 121, 130, 201, 205, 206
自己洞察　　111, 205, 206
自責　　83-86, 166, 167
時代精神　　25, 98, 169
自他の区別　　106, 124, 193, 194, 201,

202, 204, 205
自閉症　23, 179, 203
主観　27, 45, 50, 61, 103, 106, 110, 128, 177, 179, 180, 187, 191
主体　12, 16, 24, 27, 44, 87, 97, 100, 106, 110, 124, 127-129, 139, 140, 157, 162, 165-169, 177, 195, 199, 201, 203, 204, 206
象徴化能力　203
新型うつ　31
神経症　4, 13, 14, 17-20, 25, 26, 29, 48, 87-89, 94, 112, 122, 130, 168, 201-203
　──者　4, 14, 87
　──症状　11, 14, 17-19, 23, 45, 211
心的接触　121, 123, 125-127, 130, 131, 198, 206-210
　イメージとの──　115, 124, 195, 205-208
　対象との──　124, 126, 127
心的未生　124, 194, 203
図版　33-38, 40, 41, 43, 44, 46, 49, 50, 57, 69-72, 74-76, 78-82, 84-86, 89-92, 94, 95, 97-105, 115, 116, 124-126, 133, 134, 137, 139, 141, 143, 144, 146, 153-156, 163-167, 169-171, 174, 175, 177, 180-185, 187-192, 194, 206, 207, 211

[タ行]
対峙　63, 64, 66, 67, 74, 78, 80, 100, 106, 109, 110, 116, 123, 125, 126, 130, 166, 202, 204
対象関係　64, 122
対人恐怖　9, 30, 194
他者イメージ　5, 6, 27-30, 34, 37, 46, 47, 49, 57, 61, 64-66, 68-70, 72, 78, 80, 84, 85, 87, 89, 95, 99, 108-110, 122, 123, 130-133, 138, 142, 144-146, 148-150, 159, 166, 168, 171, 180, 195, 201, 202
　──の遊離　6, 148-150, 201
　相手としての──　66, 68, 70, 89, 108, 109, 131, 201
　傍観者としての──　66, 68, 70, 108
他者性　177, 195
他者としての自分　13, 14, 125
脱錯覚　191
中立性　195
TAT　5, 32-34, 36, 38, 41-45, 49, 53, 67, 69, 70, 87, 94, 115, 116, 125, 126, 131, 134, 153, 156, 163-165, 167-170, 174, 176, 184, 185, 196, 205-207, 211, 213
　──物語　33, 34, 36, 44, 123-126, 133, 148, 156, 162-167, 172, 174, 202, 205-207, 213
　第2物語課題　5, 34, 37, 47, 57, 64, 67, 79, 109, 115, 171, 172, 174-180, 186, 192, 193, 196, 212
抵抗　19, 21, 22, 63, 92, 93, 107, 112, 117, 153, 159, 174
同一化　34, 57, 64, 70, 71, 77, 79, 85, 140, 142, 153, 172-174, 177, 178, 184, 192, 213
投影　27, 64, 67, 77-80, 84-87, 110, 130, 148, 150, 159, 164, 168, 195, 211

[ナ行]
内省　5, 22-24, 61, 99, 103, 105, 109, 110, 112, 121, 125, 132, 148, 205
内的な他者　28, 66-68, 89, 121, 122,

125, 127, 130, 159, 195, 201, 202
内面　4, 12-14, 18, 20, 22, 32, 33, 57, 61, 105, 132, 150, 160, 162-165, 168-171, 174, 179, 184, 196, 197, 202, 205, 206
ナルキッソス　194

[ハ行]
箱庭　26, 165, 207
発達障害　22-26, 44, 124, 174, 195, 201-204
般化　196, 197
反省　18, 67, 79, 93, 94, 103, 104, 112, 114, 169, 201
万能感　191
ヒステリー　23
表象　28, 64, 97, 107, 122, 138, 146, 148, 149, 161
不安　4, 7-11, 21, 31, 47, 48, 54, 56, 58, 61-65, 92-94, 96, 112-115, 119-125, 129, 144, 163, 184, 186, 188, 196, 203
不安尺度（CAS）　5, 48, 49, 54, 58, 61, 62, 211
ファンタジー　194
フィクション　135, 146, 148
不全感　100, 162, 163, 165-167, 194, 197, 198, 202
分節化　184
ペルソナ　186, 193
傍観者的な意識　67
ポストモダンの意識　30
母性　147

[マ行]
（心的世界の）未分化さ　193, 194

無意識　10, 23, 27, 33

[ヤ行]
夢　26, 27, 56, 64, 81, 85, 114, 117, 118, 121, 125, 127-131, 155, 183, 196, 198, 199, 202, 206, 207
抑圧　15, 27, 84, 87
欲求　7, 8, 27, 37, 38, 45, 79, 84, 85, 87, 103, 159, 166, 206

[ラ行]
離人　23, 48, 98
リフレクション　99, 121, 125, 165, 184, 201
劣等感　15, 17, 198

[ワ行]
枠　120, 124-127, 131, 158, 164, 185, 209

初出一覧

第1章　心理療法における葛藤
第2章　困難の捉え方と他者イメージの推移──2000年代における比較
第3章　他者イメージの特徴から見た葛藤の質
第4章　他者イメージについて語ることがもたらす動きの検討
第5章　表層的な自己関係への閉じこもり
　　　　──不安の訴えと自己否定を続ける男性との面接
第8章　他者の視点を思い描くことの困難さからの検討
第9章　現代における心理療法とセラピストの姿勢
　　　　▶本書のための書き下ろし

第6章　他者イメージをめぐる連想からの検討
　　　　▶野口寿一（2010）．TATの一変法「第2物語法」の試み　箱庭療法学研究，23（1），33-46をもとに加筆修正

第7章　散逸する「私」──周囲への批判を語り続ける女性との面接
　　　　▶野口寿一（2011）．非内省的なクライエントとの心理療法におけるTATの使用　心理臨床学研究，30（4），502-512をもとに加筆修正

あとがき

　本書は、2013年7月23日に京都大学博士（教育学）の学位を授与された学位論文「『内的な他者』からみた『葛藤のない』クライエント」を加筆修正し、一般社団法人日本箱庭療法学会2015年度木村晴子記念基金による学術論文出版助成を受けて公刊するものである。

　筆者が最初にTATを使って調査を始めたのが2001年であるから、実に10数年間、本研究に関わり続けていたことになる。と言っても、自分の関心を貫くテーマを見いだすこともできず、ほとんど直感的な思いつきを実行に移した程度のものに過ぎなかった。思えば、人の心の内にある「他者」というものの不思議さに惹かれていたのだろうと思うが、それを研究テーマとして分化させるのには、ずいぶんと時間がかかった。その期間に出会ったクライエントに心理療法を通じて多くのことを教わったことで、本研究は、このような形を成すことになった。今回、出版にあたっては、学位論文では取り上げていなかった2001年のデータを掘り起こして分析しなおし、ようやくこれまでの研究を一通りまとめることができた。今考えると、よくもしつこく同じようなことをやり続けていたものだと思うが、要領の悪い筆者にはこれだけ続けないと何も見えてこなかったのだろうと思う。

　「現代の」と銘打った本書であるが、その言葉が指す「今」もすぐに過去のものとして流れ去っていく。人の心も移り変わり、本書で明らかになったことも、いずれは「古い」意識のあり方となっていくのであろう。人の歴史の中の、ほんの一瞬を切り取った拙論ではあるが、読者が「今」の、そして「これまで」と「これから」の心理療法について考えるための素材になれば、うれしい。

　本研究を学位論文としてまとめ、書籍として出版するにあたっては、多くの方々のご協力をいただいた。京都大学こころの未来研究センターの河合俊

雄先生には、卒業論文の頃から長年にわたってご指導いただいた。目の前の現象から常に考えを発展させていく先生の姿勢や御著作から学んだことが、本研究をまとめる上での根幹となっている。心より感謝申し上げたい。京都大学大学院教育学研究科の桑原知子先生には、博士後期課程より研究のご指導をいただいた。先生が「言葉にして誰かに伝える」という基本的なレベルから根気強く支えてくださることがなければ、本研究が世に出ることはなかっただろうと思う。深謝申し上げる。また、京都大学大学院教育学研究科の田中康裕先生には、臨床事例への鋭いコメントを通じて多くのご示唆を与えていただき、未知の事柄に怖じ気づきながらな筆者に出版への後押しをいただいた。ここに感謝申し上げたい。卒業論文と修士論文の作成時に温かく見守っていただいた京都大学名誉教授の岡田康伸先生、そして、学位論文審査において的確なご指摘をいただいた京都大学大学院教育学研究科の松下姫歌先生にも御礼申し上げる。

　また、調査データの分析に何度も協力してくださった原田宗忠先生（愛知教育大学）と、学位論文作成時に全体にわたって貴重なコメントをくださった畑中千紘先生（京都大学こころの未来研究センター）をはじめ、臨床心理学研究室や臨床実践の場で多くの刺激を与えてくださった方々、そして現在、臨床実践を大切にしながら自由に考える場を与えてくださっている島根大学臨床心理学研究室の皆様に心より感謝申し上げたい。

　さらに何より、調査にご協力いただいた方々、そして、本書で取り上げたクライエントはもちろんのこと、これまで出会ったすべてのクライエントの方々に心より御礼申し上げる。

　最後になったが、なかなか執筆が進まない筆者を励まし温かく見守ってくださった創元社心理学術事業部の柏原隆宏さんと小林晃子さんのお支えに深く謝して、筆を置くことにする。

2015年6月

野口 寿一

著　者──野口寿一（のぐち・としかず）

1979年生まれ。京都大学大学院教育学研究科博士後期課程研究指導認定退学。阪本病院臨床心理士を経て、現在、島根大学教育学部講師。博士（教育学）。臨床心理士。専攻は臨床心理学。
論文に「TATの一変法『第2物語法』の試み」（箱庭療法学研究, 23（1），33-45，2010年）、「非内省的なクライエントとの心理療法におけるTATの使用」（心理臨床学研究, 30(4)，502-512，2012年）、「散逸するイメージを支えるもの──『物語未満』から『構造』へ（物語未満を支える心理療法（2））」（こころの科学, 176，92-96，2014年）、「自閉的な統合失調症者と絵本を読むグループ活動の試み」（心理臨床学研究, 33(2)，127-137，2015年，共著）など。

箱庭療法学モノグラフ
第3巻

心理療法における葛藤と現代の意識
TATに表れた他者のイメージ

2015年10月10日　第1版第1刷発行

著　者―――野口寿一
発行者―――矢部敬一
発行所―――株式会社 創元社
〈本　社〉
〒541-0047　大阪市中央区淡路町4-3-6
TEL.06-6231-9010(代)　FAX.06-6233-3111(代)
〈東京支店〉
〒162-0825　東京都新宿区神楽坂4-3 煉瓦塔ビル
TEL.03-3269-1051
http://www.sogensha.co.jp/
印刷所―――株式会社 太洋社

©2015, Printed in Japan
ISBN978-4-422-11473-6 C3311
〈検印廃止〉
落丁・乱丁のときはお取り替えいたします。

装丁・本文デザイン　長井究衡

JCOPY 〈(社)出版者著作権管理機構 委託出版物〉
本書の無断複写は著作権法上での例外を除き禁じられています。複写される場合は、そのつど事前に、(社)出版者著作権管理機構(電話03-3513-6969、FAX 03-3513-6979、e-mail: info@jcopy.or.jp)の許諾を得てください。